ÉQUITATION

ANCIENNE ET MODERNE

DRESSAGE ET ÉLEVAGE

© 2021 Joël Choqueux

Édition : BoD - Books on Demand,
12/14 rond-point des Champs-Élysées, 75008 Paris

Impression : BoD - Books on Demand, Norderstedt,Allemagne

ISBN :9782322380565
Dépôt légal : août 2021

LE BARON DE VAUX

ÉQUITATION

ANCIENNE ET MODERNE

de la Guérinière, d'Abzac, d'Aure
Baucher & Raabe

DRESSAGE ET ÉLEVAGE

TEXTE ILLUSTRÉ PAR

DE CONDAMY, COTLISON, CRAFTY, LE COMTE DE CLERMONT-GALLERANDE
CARAN D'ACHE, GASTON GUIGNARD,
GRANDJEAN, JEANNIOT, PRINCETEAU, L. VALLET

Introduction de FRANÇOIS COPPÉE

PARIS
ERNEST FLAMMARION, ÉDITEUR
26, RUE RACINE, PRÈS L'ODÉON
Tous droits réservés.

A Son Excellence le Général de division

Chérif-Pacha

Aide de camp de S. M. I. le Sultan.

*Comme un témoignage de l'affectueuse estime
de son ami.*

Baron DE VAUX.

PRÉFACE

Mon cher Baron,

Vous m'avez fait l'honneur de me demander la préface de votre intéressant travail concernant l'*Équitation ancienne et moderne* principalement des maîtres tels que La Guérinière, d'Abzac, d'Aure, Baucher et Raabe. C'est sans doute parce que vous connaissez mes idées à leur égard, et que vous faites comme moi de M. de la Guérinière le père de notre École française et de sa méthode, la méthode mère. Ce maître exquis de l'équitation de manège raccourcie et brillante ouvre la voie nouvelle en mettant dans un grand mouvement tous les ressorts de la machine animale et en balançant les forces du cheval pour l'étendre sur l'appui ferme de la bouche : « Le pli ou flexion, l'épaule en dedans,

la croupe au mur, les petits carrés (voltes carrées ordinaires et renversées), l'arrêt, le demi-arrêt et le reculer,
seront l'éternelle base de l'école française; elle contient les
cinq mouvements clés, auxquels viendront s'ajouter deux
points fondamentaux, la domination et l'impulsion. »

D'Abzac fait des concessions aux idées nouvelles et peut
être considéré comme le trait d'union entre La Guérinière
et d'Aure, comme plus tard des écuyers de mérite ont trouvé
la juste mesure entre d'Aure et Baucher.

A la vérité, toute la divergence consiste dans la direction
du poids et des forces, dans l'équilibre à donner au cheval
selon le but à atteindre. Il est certain que plus le manège à
exécuter sera sévère et serré, plus il faudra asseoir et assouplir le cheval, être maître du poids et des forces ainsi que
de la légèreté. Par conséquent, il exigera un dressage plus
complet et un écuyer plus habile.

D'Aure, simplifiant le manège pour en faire la préparation à une équitation d'extérieure allante et coulante, a été
trop loin dans le sens des concessions à la manière anglaise,
car il a ouvert la voie au relâchement en donnant libre carrière à une équitation perçante plus basée sur l'instinct et
l'expérience que sur les vrais principes de notre École française.

Pour Baucher, je n'ai qu'à dire qu'il a poussé l'art équestre à un fini, à une finesse inconnus jusqu'alors (finesse
dangereuse pour les demi-savants), qu'il y a apporté des
moyens nouveaux, des procédés de dressage et qu'il s'est
rendu maître des forces du cheval en les décomposant pour
les dominer sans force. Alors qu'on assujettissait *tout d'une
pièce* en ajustant peu à peu et l'une par l'autre les différentes parties du cheval, Baucher assouplit isolément chaque partie par un travail à pied répété monté.

Raabe a demandé à l'étude de la locomotion la confirma-
tion mathématique des règles et des principes et l'explication
scientifique du tact équestre.

De nos jours, l'équitation française est sous l'influence
de trois maîtres : La Guérinière, d'Aure et Baucher, et,
cependant, on ne pourrait rallier tout le monde sur l'un
d'eux pris isolément; mais, comme au fond ils ne diffèrent

que dans les buts à atteindre, il conviendrait d'abord de
bien préciser ces buts, puis de formuler pour chacun d'eux
des règles et des principes émanant de cette trinité équestre,
mais refondus et simplifiés, de façon à donner naissance à
une école où l'enseignement se ferait à plusieurs degrés, et
d'où toute règle aléatoire, toute superfétation et toute exagération seraient rejetées: c'est cette reconstitution en rapport avec nos chevaux et nos éléments modernes qu'il faudrait faire, si le projet d'école nationale d'équitation, dont
vous avez si souvent parlé, venait à se réaliser. Mais, pour
y arriver, ne conviendrait-il pas d'abord de convaincre tout
le monde que les cavaliers de la nature sans école ni principe ne tirent qu'un médiocre parti du cheval, qu'ils perdent la satisfaction qu'éprouvent ceux qui savent jouer de
son merveilleux mécanisme, qu'ils ignorent les plus grandes
joies de l'équitation, qu'on ne peut acquérir sans travail;
car la science et l'art équestres ne s'improvisent pas, ils
sont basés sur des règles et des principes qui réclament de
longues études pour les apprendre et des maîtres, rares
aujourd'hui, pour les enseigner.

Je ne peux pas m'étendre trop, mon cher Baron, en
disant ici que ces règles et ces principes ont pour objet
d'apprendre à se servir des aides pour disposer du mouvement, de l'équilibre, de la position et de la locomotion
animale, de telle sorte que ces aides agissent invisibles sur
le merveilleux mécanisme d'un animal plein de ressorts et
de sang, rendu d'une sensibilité extrême par le dressage.
Est-ce encore m'attarder que de dire que les figures et les
airs du manège doivent s'exécuter dans une mesure bien
rythmée de temps égaux, dans des attitudes et des justesses
de mouvement et d'équilibre définies et précisées par les
règles de l'art, et que ce qui caractérise l'École française,
c'est l'élégance et la légèreté, ressortant du bon équilibre
du cheval?

Notre école moderne ne devrait-elle pas comprendre deux
parties bien distinctes : 1° l'étude du manège au point de
vue de l'utilisation simple et pratique du cheval bien équilibré et bien placé, au dehors et aux trois allures; 2° l'étude
spéciale de la science et de l'art du manège? Mais quel que

soit l'équilibre à rechercher pour ces différents manèges, nous mettons en principe que le cheval doit toujours *courir après son mors*, quelles que soient sa mise en main et sa légèreté. J'entends par légèreté le moment précis où la bouche lâchant le mors est prête à le reprendre, car je possède alors tout à la fois la légèreté et l'impulsion, ce qui est le joyau de l'art équestre.

Il ne suffirait pas pour cette école d'émettre une théorie claire et bien raisonnée autant que savante, il faudrait surtout veiller à la précision et à la justesse de l'exécution des règles et des principes qu'elle contiendrait, ce que j'appellerai la pratique de la théorie.

Il est un autre facteur à faire entrer en ligne, qui est tout bonnement — nous allions l'oublier — le cheval, l'instrument dont nous devons jouer. Selon qu'il aura des aptitudes plus ou moins grandes, l'écuyer pourra pousser plus loin le fini et les difficultés de l'art équestre. Si les anciens ont été si avant dans cet art, c'est qu'ils avaient dans leurs chevaux, de races andalouse, napolitaine, barbe, trakehnen, navarine et limousine, l'instrument nécessaire, ayant de l'énergie et du brillant, portant la tête verticalement sur une encolure rouée, comme la voulaient Bourgelat et les écuyers de son école, ayant la croupe basse, allant en montant, par conséquent aptes au rassembler et à la cadence. En un mot, on a fait de l'équitation rassemblée avec des chevaux d'une conformation rassemblée. Le cheval moderne, au contraire, est allongé pour la vitesse de la course, et, si le sang anglais, qu'on a infusé partout, a élevé la taille, en donnant plus de sang, il a fait un cheval diamétralement opposé dans sa construction à celui des anciens, par conséquent, un cheval moins apte au manège et au rassembler. On y arrive néanmoins, mais la difficulté est plus grande. L'équitation du XIXe siècle, certainement influencée par le cheval qu'elle doit utiliser, préfère à la précision et au fini de l'exécution de l'ancien manège, l'allure perçante et coulante.

L'élevage produit le cheval à la mode ; or, la mode n'étant plus au manège, et le cheval de selle ne se payant plus à sa valeur, on n'en fait plus, et nous sommes même menacés

de manquer de bons chevaux d'armes, et, à part les pur-
sang, que nous avons bien fatigués et claqués par les
courses, à part les anglo-arabes pur sang et demi-sang et
les tarbéens, on n'élève plus le beau cheval de selle en
France. Aussi, ne saurait-on trop louer la Société Équestre
de l'Étrier d'encourager l'élevage et le dressage du cheval
de selle, ainsi que la société qui encourage l'élevage du
cheval de guerre.

La Société de l'Étrier, que j'ai fondée en 1895, avec le
comte de Cossé-Brissac, est venue à propos pour reconsti-
tuer une école civile, empêcher l'art si français du manège
de périr. Si elle ne peut avoir la prétention de rétablir
l'équitation au point où l'ont laissée les maîtres anciens
dont vous savez si bien faire ressortir les qualités, elle
s'efforce de revenir aux bonnes et saines traditions de
l'École française par l'étude du manège, de ses airs et de
ses reprises.

La selle française revoit le jour, ce qui n'exclut pas la
selle anglaise, devenue classique.

Trois fois la semaine, j'ai le plaisir d'y diriger des
reprises composées de nos meilleurs écuyers civils et militaires, et je dois ici rendre hommage à leurs efforts et à leur
talent. Les airs relevés de l'ancienne école sont seuls aban-
donnés comme ne répondant plus à nos goûts équestres et
comme peu propres à nos chevaux de sang.

Il est regrettable pour nous que l'ancienne École française,
malgré les concessions qu'elle était prête à faire, avec les
d'Abzac, aux idées modernes d'une équitation plus allante
et plus simple, ait été combattue par l'élément militaire, qui
n'avait besoin, ni de tant d'art, ni de tant de justesse, et,
par l'anglomanie, n'admettant que la pratique de l'équitation d'extérieur, sans l'étude du manège ; car si nous avons
pris le lampion et l'habit du d'Abzac de 1830, nous aurions
pu également nous approprier son *école de concessions*,
alors que l'équitation civile nous trouve aujourd'hui divisés
et sans principes arrêtés. Les manèges militaires seuls ont
encore une école, mais variable selon les idées des objets et
les besoins de l'armée, et, bien que la simplicité de l'enseignement puisse être le fruit d'une grande science, on ne

veut plus de spécialistes comme maîtres, et l'écuyer instructeur poursuit les autres étapes de sa carrière militaire. Néanmoins, l'équitation pratique au point de vue militaire est brillamment enseignée, à Saumur, par nos officiers du cadre noir, qui forment des cavaliers d'extérieur et d'obstacles tout à fait remarquables... A ce seul point de vue, le cavalier moderne français est en progrès. La perfection pour l'école moderne serait de balancer le poids et les forces du cheval, être maître de ses différents équilibres et de son assouplissement, au point de pouvoir passer du travail fini et très rassemblé du manège au travail de carrière, du brillant des allures de haute école aux allures allongées et réciproquement. Ce serait la maîtrise et la perfection.

Hommes et chevaux ont pourtant leurs aptitudes, et il est rare de voir la virtuosité du manège alliée à celle du champ de courses ; chaque genre comporte un tempérament un peu différent, et l'on acquiert toujours plus de talent là où le goût porte à spécialiser ses études. Puis, il y a la question d'âge et de souplesse ; l'équitation violente n'a qu'un temps relativement fort court, à en juger par le roulement rapide parmi nos gentlemen riders et nos officiers d'obstacles, alors que celui qui est doué pour pratiquer la science et l'art de la belle équitation se sent acquérir du talent par le travail et c'est une étude à laquelle il peut consacrer sa vie entière, tout en prenant plaisir à s'y perfectionner.

R. DE GATINES,

Vice-Président de la Société Équestre de l' « Étrier ».

INTRODUCTION

HAUTE ÉCOLE

L'averse tombant en déluge,
Hier au soir, j'ai profité,
Pendant une heure du refuge
Que m'offrait le Cirque d'Été.

D'ordinaire, rien ne m'y lasse.
J'applaudis tous les « numéros ».
Que de courage et que de grâce !
Ces baladins sont des héros.

Mais, cette fois, — je m'en étonne, —
Ce spectacle, bien fait pour moi,
Me semblait froid et monotone ;
Et je m'ennuyais fort, ma foi !

En vain, en jupe diaphane,
La ballerine avait dansé
Sur le dos, blanc de colophane,
D'un vieux cheval, trop bien dressé ;

En vain l'Anglais, qu'en une rixe
Ne vaincraient pas quatre hommes forts,
Fit dix fois, sur la barre fixe,
Le moulinet avec son corps ;

En vain le clown, tête falote,
Sur le nez tombé lourdement,
Fut, par le fond de sa culotte,
Relevé délicatement ;

Je bâillais, ayant peine à suivre
Ces exercices et ces tours
Que le dur orchestre de cuivre
Rythmait d'accords vibrants et lourds.

* *

Le programme — vrai protocole —
S'épuisait ; quand, pour son début,
Sur un bai-brun de haute école,
La jeune écuyère parut.

Bien en selle et très élancée,
Elle était adorable à voir,
Dressant sur la croupe bronzée
Son fin corps, moulé de drap noir.

Chaque détail de sa personne
Était correct, élégant, fier.
On rêvait, devant l'amazone,
D'une archiduchesse au Prater.

Comme elle était jolie ! Et comme
Son pur profil aux lourds cheveux,
Si brave sous le chapeau d'homme,
Semblait dire au cheval : « Je veux ! »

Sous l'éperon de la Viennoise,
Il ronflait, rebelle au travail,
Dans l'œil une flamme sournoise,
De l'écume plein le poitrail.

Mais ferme sur sa hanche ronde,
Bride et filet dans son gant blanc,
Elle domptait, la svelte blonde,
L'animal de fureur tremblant,

Le forçait, en parfaite artiste,
A s'agenouiller sur le sol,
A valser autour de la piste,
A marcher au pas espagnol;

Et cela, sans que son visage
Parût s'animer du combat,
Sans que du bouquet de corsage,
Une seule rose tombât.

* *

Aux très nobles jeux du manège,
Je ne suis pas fin connaisseur;
Mais, frêle enfant, — Dieu te protège! —
En toi je salue une sœur;

Et, lorsque tu risques ta vie,
Bravement, pour nous divertir,
Bien fort, dans la foule ravie,
Le vieux rimeur doit applaudir.

Car ta cravache vaut sa plume.
Nous sommes dompteurs aussi, nous,
Lorsque frémit, s'ébroue et fume
La Chimère entre nos genoux.

Elle est rétive, et le poéte
Est obéi tout de travers,
Souvent, par la terrible bête,
Dans la haute école des vers.

Plus d'un, ô mignonne intrépide,
Est tombé du monstre volant;
Et le Philistin, groom stupide,
Ratissa le sable sanglant.

FRANÇOIS COPPÉE

L'ENSEIGNEMENT DE L'ÉQUITATION

CHAPITRE PREMIER

L'ENSEIGNEMENT DE L'ÉQUITATION

Chaque art possède sa science.

L'art de l'équitation ne s'acquiert que par la pratique.

L'équitation est la connaissance des moyens, théoriques et pratiques, qui permettent d'employer le cheval à tous les services qu'il peut rendre à l'homme, aussi bien attelé que monté.

Mais, en la considérant seulement dans cette dernière acception, je définirai ainsi l'équitation : L'art qui *donne et démontre* la position que l'homme doit prendre sur un cheval, pour y être avec le plus de sûreté et d'aisance; qui lui fournit en même temps les moyens de conduire le cheval et d'obtenir de lui, par les actions les plus simples et en le fatiguant le moins possible, l'obéissance la plus exacte et la plus parfaite, en tout ce que sa constitution et ses moyens peuvent lui permettre. La science de cet art n'est profitable que pour quiconque est apte à coordonner et à discerner les effets de force qu'il transmet au cheval.

Cette manière d'envisager l'*art de monter à cheval*, permet de déduire les qualités, qui constituent l'homme de cheval, de même que celles qui constituent le cheval dressé.

L'homme de cheval est celui qui, solide et aisé sur l'animal, a acquis la connaissance de ce qu'il peut lui demander, ainsi que la pratique des moyens raisonnés les plus simples, pour le soumettre à l'obéissance.

Il faut que le cavalier s'identifie avec le cheval et le juge d'après ce qu'il ressent lui-même; nos propres sensations doivent, en quelque sorte, nous donner une idée de ce qu'éprouve le cheval et de ce qui le fait agir. Puisque notre corps ne se meut qu'au moyen d'un effort continuel qui cesse et renait tour à tour, puisque c'est notre raisonnement qui nous mène à renouveler nos efforts, pour arriver au but que nous voulons atteindre, que le cheval, soumis à la volonté de celui qui le monte, a pour but unique le but que le cavalier s'est proposé, il s'arrêtera donc si une puissance ou une cause motrice ne vient pas entretenir chez lui un effort continuel.

Ceci posé, c'est au cavalier à se rendre compte du degré de force qu'il doit employer, soit force excitante soit force opposante.

Le cheval dressé est celui qui, soumis à la volonté du cavalier, répond avec justesse, légèreté et force, aux indications qu'il reçoit.

Ces deux dernières définitions développées, forment l'ensemble des connaissances théoriques qui doivent servir à éclairer la pratique de l'équitation.

Le cavalier s'efforcera donc, avant tout, d'acquérir une position dans laquelle il aura de la tenue.

Sans cette condition, il ne serait plus maître de son corps, ni des moyens de conduite dont il doit disposer, pour gouverner et diriger son cheval.

La tenue réside dans le rapport d'équilibre et dans l'union harmonieuse et souple de toutes les parties du corps du cavalier.

Toutes les fois que l'une d'elles n'a plus de fonctions et ne coopère plus au maintien de cet équilibre, les déplacements de corps et d'assiette sont provoqués au moindre mouvement et ne sont évités ou simplement atténués que par l'emploi des forces de pression qui permettent bien au cavalier de rester plus ou moins longtemps à cheval, mais lui enlèvent la faculté d'agir à propos, toutes les parties de son corps étant en contraction.

Aussi, précisément dans les moments où la justesse

dans l'emploi de ses mains et de ses jambes lui est le plus nécessaire, est-il empêché d'agir par l'emploi qu'il en fait dans le but unique de se tenir.

Cette position, et la tenue qui en résulte, étant acquises, le cheval se trouve pour ainsi dire enveloppé par les aides du cavalier et, si les effets que celui-ci produira sont coordonnés par le tact indispensable, ils provoqueront l'allure et régleront la vitesse suivant le but déterminé qui aura motivé leurs concours.

L'emploi des aides, qui enveloppent ainsi le cheval, semblerait représenter assez exactement ce jeu des écoliers qui, rangés en cercle, et en plus ou moins grand nombre autour d'un camarade choisi comme victime, le repoussent à tour de rôle vers différents points opposés de la circonférence, sans lui permettre de s'arrêter.

Mais, la comparaison n'est juste que si elle s'applique à un cheval monté par un cavalier dont les rênes flottantes et les jambes éloignées ne permettent pas ce rapport intime, mais léger, doux ou ferme, suivant les circonstances qui ne doivent jamais cesser d'exister entre l'animal et l'homme qui prétend à le gouverner.

Cet écolier, lancé d'un point de la circonférence à l'extrémité du diamètre d'où, en y arrivant, il est lancé de nouveau vers un autre point, n'est plus le maître de ses forces et ne peut se maintenir en équilibre.

De même, le cheval, surpris par le contact subit

d'une jambe trop éloignée pour pouvoir graduer son effet au moment voulu, se jette sur l'autre jambe qui, trop éloignée aussi, ne peut que recevoir brusquement cette masse qui lui arrive et la renvoyer sur la première avec une brusquerie pareille.

Les rênes flottantes ne pourront également produire que des effets de surprise, lorsque le cavalier devra s'en servir; par ce qu'il n'aura pas le temps nécessaire pour les ajuster et les tendre par degrés, à l'instant précis où une cause plus ou moins imprévue nécessitera leur action.

Au contraire, si l'écolier est entouré de ses camarades, assez rapprochés pour le maintenir en respect au milieu d'eux, en le soutenant de tous côtés; si les efforts que font ceux-ci se produisent seulement en raison de ceux qu'il fait lui-même pour s'échapper, il est clair que ces efforts qui se manifestent avec à propos autour de lui le maintiendront immobile et en place, s'ils sont égaux ou équivalents.

Mais, si certains éléments de ces efforts communs viennent à manquer ou à s'éloigner, il est clair aussi que le patient s'échappera de leur côté par sa volonté propre, son désir de fuir, et en raison de la latitude plus ou moins grande qui lui sera laissée de se porter dans ce sens.

Il y sera de même poussé par les degrés respectifs de pression exercée par les uns, et de relâchement opéré par les autres.

C'est bien là le cas du cavalier et du cheval. Les

forces dominatrices du premier et soumises du second
doivent être constamment dans un rapport d'équilibre
relatif à l'allure, à la vitesse, à la direction qu'il s'agit
d'obtenir.

Mais, tout en conservant le sentiment de ce contact, que nous venons de reconnaître indispensable,
il faut éviter les compressions continues entre les
aides opposées, parce qu'elles ont le plus souvent pour
résultat d'émousser, sinon de détruire, la sensibilité
des chevaux quand il n'en résulte pas des défenses
que le cavalier n'est pas sûr de pouvoir toujours dominer, et dans lesquelles il peut s'exposer à ne pas
avoir le dessus.

Les jambes agiront donc graduellement pour éviter
de précipiter brusquement la masse dans le sens de
leur action. Les mains recevront graduellement l'impulsion communiquée par les jambes, évitant ainsi
un départ désordonné ou un rejet violent de cette
masse en arrière.

Elles l'amèneront, au contraire, à l'état d'équilibre
qui convient au mouvement voulu et n'auront plus
qu'à laisser dépenser l'action, tout en maintenant la
position qui règle l'allure, la vitesse et le sens de la
marche.

Mais, la véritable difficulté pour arriver à cet accord
des aides consiste dans l'application exacte des conditions d'action et d'équilibre dans lesquelles se trouve
le cheval mis ou à mettre en mouvement.

C'est là que réside le tact de l'homme de cheval,

tact qui se perfectionne par une longue pratique; le cavalier doit apporter en outre dans cet exercice, afin de ne pas se fourvoyer, un grand esprit d'observation joint à une attention réfléchie. Tels sont les principes généraux qui doivent, selon nous, servir de règle fondamentale à tous les hommes de cheval, vraiment dignes de ce nom.

LA POSITION

DU CAVALIER A CHEVAL

Le cavalier doit donc être doué
des qualités de l'homme le mieux
favorisé de la nature, car il ressent pour deux êtres.
Il a donc besoin d'un tact très fin et très délicat.
L'exercice du cheval demande de la force et de la

souplesse, il faut que ces deux qualités se trouvent réunies, autant que possible, chez le cavalier. Il importe donc que l'homme soit bien placé à cheval. Une belle position donne de la grâce et facilite les moyens de gouverner sa monture. C'est donc la première qualité qu'un élève doit s'attacher à acquérir. La grâce ne consiste ni dans l'immobilité, ni dans la raideur, ni dans une attitude affectée, mais bien dans l'aisance de toutes les parties qui constituent la machine, dans la manière de savoir s'abandonner ou résister à propos aux divers mouvements de son cheval, de conserver cet équilibre, cet aplomb, sans lesquels on ne saurait être maître ni de soi-même, ni de l'animal, car toute posture gênée est non seulement fatigante, mais encore désagréable à la vue. Le cavalier doit donc être à cheval dans une position naturelle, tous les auteurs qui ont traité d'équitation s'accordent sur ce point. Mais c'est dans la manière d'appliquer ce principe que ces différences se manifestent; elles consistent principalement dans le plus ou moins de verticalité du corps, dans la courbure des reins, les points d'appui de l'assiette et la direction des cuisses. En règle générale, lorsqu'on cherche à placer une partie du corps, il ne faut jamais perdre de vue la position des autres, l'aisance et la souplesse du cavalier ne pouvant résulter que de l'accord de toutes ses parties. L'équitation militaire considère la grâce comme une chose secondaire pour elle, et, sans négliger les moyens de l'acquérir, elle soumet tou-

jours ces moyens au résultat qui lui est le plus important d'obtenir, la tenue et la conduite. Les règles
données par M. d'Aure sont les suivantes : « Le cavalier doit être assis d'aplomb, les reins souples, afin de
suivre les mouvements du cheval ; les épaules effacées et non reculées, la tête d'aplomb sur les épaules ;
éviter que le menton ne se porte en avant, mouvement qui jette les épaules en arrière et qui, dans ce
cas, fait remonter les genoux ; les cuisses sur leur
plat et bien tombantes ; fixer les genoux en cherchant
à les baisser ; les assurer en allongeant les jambes et
baissant un peu les talons, en sorte que les muscles
de l'intérieur de la cuisse puissent, en se contractant,
fixer les parties qui doivent rester immobiles. La
tenue existe dans deux forces, celle de l'équilibre et
celle de l'appui des cuisses et des genoux ; c'est pour
cela qu'il sera essentiel, en plaçant l'homme à cheval,
de lui faire ouvrir les cuisses, afin qu'il cherche son
aplomb. Une fois cet aplomb trouvé, il faut lui faire
tourner les cuisses sur leur plat, et assurer les genoux comme je l'ai expliqué ci-dessus. La souplesse
des hanches est très essentielle, car c'est elle qui établit et maintient l'équilibre en permettant au corps de
prendre selon la position du cheval, une attitude qui
lui fait conserver son aplomb. C'est pour cela qu'au
repos, ou lorsque le cheval marche droit, il ne faut
pas plus déterminer le corps en avant qu'il ne faut le
placer en arrière, et qu'il est urgent d'attendre, pour
céder à une de ces deux impulsions, que le cheval

fasse des mouvements qui engagent le corps à marquer une opposition propre à le maintenir en équilibre. C'est cette souplesse, jointe à la fixité des cuisses et des genoux, qui constitue la tenue. Mais, généralement, une grande tenue s'acquiert plus par par le liant, la souplesse et l'équilibre que par la force des points d'appui, qui diminuent toujours en raison de la fatigue que l'on éprouve. » Suivant les anciens traités d'équitation, le corps du cavalier se divise en trois parties, dont deux *mobiles* et une *immobile*. Cette division, qui a été apportée d'Italie et qui a été généralement admise depuis comme un principe fondamental, établit que la partie immobile consiste seulement dans les cuisses comprises entre les deux articulations, c'est-à-dire celle de la hanche et celle du genou, que les deux parties mobiles sont : l'une supérieure et l'autre inférieure. La première se compose de tout ce qui est au-dessus de l'immobile, en y comprenant, bien entendu, le coxal en totalité, la seconde, de ce qui est au-dessous de cette partie mobile, et qui consiste dans la *jambe* et le *pied*. Examinons maintenant les différents éléments qui entrent dans la composition de ces trois parties.

De la tête et du cou. — La tête doit être droite et libre et ne pencher d'aucun côté. Il est très commun de la voir porter en avant ; défaut auquel il faut se hâter de remédier, toutes les fois qu'il ne provient pas d'une disposition naturelle ; s'il est irrémédiable, il ne peut être compensé que par la disposition géné-

rale des autres parties. Le corps participe de la
position de la tête qu'il supporte, et, selon son
degré de longueur et de volume, donne au cavalier plus ou moins de grâce. Ainsi la tête sera aisée
et d'aplomb, afin que son poids n'entraîne pas le
corps du côté où elle pencherait ; et elle sera aussi
dégagée des épaules, pour que ses mouvements soient
libres et sans influence sur ceux du corps.

De la poitrine et des épaules. — La poitrine est étroite
ou large ; cette dernière conformation est d'une grande
importance pour l'aptitude à tout exercice violent.
L'équitation réclame surtout la force des parois de
cette cavité et l'intégrité des organes qu'elle renferme,
pour résister aux secousses et aux tiraillements que
la réaction du cheval leur fait éprouver. Il serait impossible d'être assujetti longtemps à la douleur qui
en résulte, et de conserver le rapport voulu dans la
situation de toutes les parties du corps, et particulièrement des membres supérieurs. La position des épaules
varie selon les mouvements des bras, dont elles sont
le point d'appui. C'est surtout à la jonction des épaules
avec les bras, partie nommée la *pointe des épaules*, que
ces mouvements sont les plus apercevables... Parmi
les auteurs, les uns désirent les épaules plates, tombantes ou effacées ; les autres veulent qu'elles soient
fort libres, renversées en arrière, plus ou moins
creuses. Toutes ces recommandations peuvent avoir
leur utilité, selon les différents sujets auxquels elles
seront adressées, et leur effet doit toujours être de con-

trarier le moins possible, dans l'individu qui en est l'objet, la structure qui lui est naturelle. La poitrine est plus ou moins apparente, selon que les membres supérieurs sont dirigés en arrière, ou portés en avant; mais il y a une grande différence à l'avoir *ouverte* ou *saillante*. La première condition est aussi favorable que l'autre est fâcheuse. Avec la poitrine *ouverte*, la répartition des parties supérieures du corps se fait facilement sur la base, au lieu que si elle est *saillante*, le dos et les reins se creusent et le cavalier contracte de la gêne et de la raideur. Il résulte de ces observations qu'on ne peut prescrire, comme indication générale, que d'avoir les épaules effacées. Par cette disposition, la poitrine sera ouverte, et c'est à l'écuyer à baser sur ce que nous venons de dire, les autres recommandations qu'il doit faire, pour établir convenablement la poitrine et les épaules.

Du rein et de la ceinture. — Presque tous les auteurs donnent pour précepte de faire courber les reins et de les faire courber en avant, afin d'avoir la ceinture ou le ventre en ce sens, le *Cours d'équitation de Saumur* n'est point de cet avis; il veut que les reins soient droits et souples, sans raideur et sans cet excès de fermeté qui nuirait à l'annulation des secousses, que la souplesse de tout le tronc doit tendre à diminuer ou à détruire. Il ajoute ensuite : « Ce qui doit être poussé en avant, pour maintenir la position du cavalier, c'est l'assiette avec les ischions, qui en sont la base. »

Du bassin. — Nous entendons, par cette expression, toute l'étendue qui se trouve entre le rein et les cuisses, et qui comprend l'os des hanches, le sacrum et le coccyx, avec les muscles nombreux qui les entourent. Cette partie est, avec la cuisse, désignée dans les auteurs, sous le nom de *partie immobile*, mais en se servant indistinctement des termes de *croupion*, *haut des cuisses*, *enfourchure* ou *fesses*, pour en indiquer la position, on n'en donne qu'une idée très imparfaite : c'est la partie la plus essentielle à placer de tout le corps, et toutes les autres doivent lui être soumises. Base principale de l'*assiette*, il ne peut y avoir d'aisance et de solidité non fatigante et durable que par suite de sa position, On entend par *assiette* les points des fesses et des cuisses qui adhèrent à la selle et servent d'appui à la masse entière. Les os de ces parties sont la base solide de cette assiette ; les muscles qui les entourent leur servent en quelque sorte de coussinets... La seule base solide et commode que le tronc puisse offrir à la masse se trouve être dans la pointe des fesses, et les fesses doivent porter également sur la selle et être poussées le plus en avant possible. Cette position est encore favorisée par la direction du tronc, aussi verticale que ses courbures le permettent, ainsi que par la position des cuisses, qui ont encore plus d'influence que le corps sur cette position.

Des cuisses. — Tous les auteurs modernes et anciens prescrivent que la cuisse doit être tournée sur son

2

plat, c'est-à-dire sur la face interne. Cependant dans le *Cours d'équitation de Saumur*, on fait remarquer que ce principe est mal énoncé, car les cuisses ne doivent être tournées ni en dedans, ni en dehors ; mais, étant bien relâchées, on doit les abandonner à elles-mêmes, et elles poseront naturellement sur la partie latérale interne. La cuisse doit encore être considérée dans sa direction par rapport à celle du corps, et c'est ici que se remarque la différence la plus saillante entre les premiers auteurs et ceux l'époque actuelle. En effet, les premiers voulaient que la cuisse fut, ainsi que la jambe, tendue et verticale, comme si le cavalier était debout.

L'équitation moderne n'a plus besoin de cette verticale de la cuisse, et bien que les auteurs recommandent encore de s'en approcher le plus possible, afin de se procurer plus de moyens d'enveloppe, ils conviennent néanmoins qu'on ne doit pas chercher à atteindre la perpendiculaire parce qu'elle placerait nécessairement le cavalier sur l'enfourchure. Si on trouve encore à présent, parmi les partisans de Montfaucon, des maîtres qui recommandent encore de tendre et d'allonger le plus possible les membres inférieurs, l'anatomie nous prouve que cette recommandation est au moins inutile, parce qu'en poussant l'assiette en avant, de manière à ce que les cuisses puissent embrasser la circonférence du cheval au point de son moindre diamètre, il suffit, ainsi que Dupaty et Bohan le veulent, d'abandonner le membre à sa propre

pesanteur, pour qu'il prenne la position la plus convenable. Mais comme différentes causes font varier les
effets de cette pesanteur, la cuisse sera toujours placée
de manière à permettre au cavalier d'être bien assis,
lorsque l'angle qu'elle formera avec le corps n'ira pas
en-deçà de 135° ou au-delà de 145° ou au plus 150°.
L'angle plus ouvert, le cavalier serait sur l'enfourchure, plus fermé, il serait *raccroché*.

Des genoux et des jarrets. — On entend généralement
par genoux et jarrets, les parties qui forment ensemble l'articulation de la cuisse et de la jambe. La face
postérieure du genou est le jarret ; aussi comprend-on
difficilement ce que de la Guérinière a voulu faire
entendre en disant que la cuisse doit être *tournée en
dedans et les jarrets aussi*. On ne peut leur prescrire
une position particulière puisqu'elle dépend naturellement de celle de la cuisse, dont ils sont la fin, et celle
de la jambe, dont ils sont le commencement. De la
Guérinière veut les genoux tournés en dedans, Thiroux les veut reculés et fermés ; Montfaucon, en
arrière le plus possible et en dedans. Ces recommandations ne seraient bonnes que pour le cavalier placé
sur l'enfourchure. Nous demandons qu'ils soient
liants, ainsi que le dit Bohan et que le prescrit l'or-
donnance de la cavalerie.

Des jambes et des pieds.— Les jambes doivent tomber
naturellement ainsi que les pieds. Ici, chacun est
d'accord, parce qu'en effet la position de la jambe
dépend entièrement de la cuisse ; elle se trouve à peu

près verticale, quelle que soit la direction de cette dernière. Elle est seulement plus en avant ou plus en arrière, selon que la cuisse l'est plus ou moins elle-même ; ce qui oblige aussi la jambe à se plier plus ou moins pour agir comme aide. Les pieds suivent nécessairement la position des jambes, à l'extrémité desquelles leur poids agit de façon à empêcher que la jambe ne soit tout à fait verticale. Quand au parallélisme des pieds, on voit, d'après ce que nous venons de dire, qu'il dépend absolument de la position de la cuisse et de la jambe.

Des membres supérieurs. — Il a déjà été question des épaules en parlant de la poitrine à laquelle elles sont fixées et dont on ne doit jamais les séparer en équitation. Il n'en est pas de même des autres rayons du membre supérieur, dont l'extrême mobilité, tant par l'étendue que par la variété des mouvements, est le plus puissant secours du cavalier pour sa défense et la conduite du cheval.

Des bras et de l'avant-bras. — Tous les auteurs sont d'accord sur la position du bras, qu'ils veulent tombant naturellement et sans raideur. Ils sont à peu près d'accord aussi pour ce qui concerne l'avant-bras, qui, ployé au coude, doit se fermer sur le bras par un angle droit, et tenir le milieu entre la pronation et la supination ; ce qui devient d'ailleurs très variable, par suite de l'emploi des membres pendant le travail.

Des mains. — La position de la main de la bride.

n'offre pas, dans les auteurs, la même unité d'opinion.
La Guérinière indique cette position un peu plus haut
que le coude et en avant du pommeau ; Montfaucon
est de cet avis ; Bohan la veut plus bas que le coude ;
l'ordonnancé, au niveau de l'avant-bras. Dupaty de
Clam et Thiroux veulent qu'elle soit relative au
besoin des effets qu'on veut produire sur le cheval,
c'est-à-dire plus haut ou plus bas, selon l'occurence.
La position qui doit être préférée est celle qui se prê-
tera le plus facilement à tous les mouvements que la
main doit opérer. Elle sera donc placée à hauteur de
l'avant-bras, dont le déplacement trop considérable
deviendrait trop incommode pour ce rayon du membre,
s'il n'était pas déjà perpendiculaire au bras. L'observation analogue est applicable à la position inverse de
la main. Quant au poignet, Dupaty de Clam ne veut
pas qu'il soit arrondi. La Guérinière le prescrit,
Bohan est de son avis ; on est si souvent dans le cas
de se servir de ces deux positions, tantôt à cause de
la finesse de la bouche du cheval, tantôt en raison de
la position de sa tête, que, à bien dire, il importe peu
quelle que soit celle qu'on admette. Il est cependant
nécessaire d'indiquer une position fixe qui puisse être
modifiée au besoin : et par les mêmes raisons qui
viennent d'être exposées pour l'élévation de la main,
la position du poignet, non contourné sur l'avant-
bras, est celle qu'on doit préférer.

D'après tout ce qui précède, on conçoit aisément
que la solidité du cavalier dépend de sa position. A

cet égard, M. Baucher s'exprime ainsi : « Il y a deux
sortes de solidité bien distinctes : celle du maquignon
et celle du véritable écuyer. La première n'a lieu
qu'au détriment du jeu des parties mobiles, et si elles
servent à la rendre solide, elles l'empêcheront toujours de tirer parti de son cheval, même en supposant qu'il connaisse le mécanisme de l'équitation. Car
ce n'est pas assez de soutenir les brusques mouvements du cheval, il faut les arrêter et même les prévenir, et c'est ce qu'on ne peut faire si l'on emploie les
aides comme moyen de solidité. L'autre solidité, celle
du véritable écuyer, consiste, au contraire, à suivre
les mouvements de son cheval, sans confondre la
force qui maintient avec celle qui dirige ; à demeurer
assez maître de ses mouvements pour que l'action des
aides serve toujours à exprimer sa volonté, et ne soit
pas un effort pour se maintenir en selle. »

ÉCOLE D'ÉQUITATION

Les exercices équestres ne sont qu'affaire de luxe, de caprice et de plaisir, ils contribuent efficacement, ainsi que l'escrime et la gymnastique, au développement corporel des jeunes gens, à leur donner de la vigueur, de la désinvolture, du maintien, la conscience de leur valeur; et qu'on nous permette le mot, une certaine « cranerie » qui sied bien à l'homme pouvant être appelé aux péripéties de la guerre.

Est-il juste, disons plus, est-il prudent qu'un art qui peut rendre de tels services soit ainsi déshérité par l'État ? Et, pourtant cela est, car nous n'avons pas d'école d'équitation ; l'artillerie et la cavalerie ont les leurs ; mais la jeunesse civile en est absolument pri-

vée. C'est d'autant plus regrettable qu'avec le service
obligatoire, des jeunes gens, en très grande quantité,
arrivent dans les régiments sans avoir jamais monté à
cheval, d'où il résulte une grande perte de temps pour
les conduire à l'école d'escadron, leur apprendre à
monter à cheval, à le diriger, à le soigner; que si, au
contraire, on propageait le goût de l'équitation on
arriverait à recevoir dans les corps une grande quantité de recrues sachant monter à cheval, n'ayant plus
qu'à apprendre à manier leurs armes dans toutes les
allures et à manœuvrer.

Ainsi préparés, ces jeunes soldats, vigoureux cavaliers ne reculant devant aucun obstacle, formeraient
dans chaque corps une réserve précieuse pour le service si utile d'éclaireurs, dont les premières qualités
sont l'audace, l'intelligence, pour aller le plus près
possible de l'ennemi, pénétrer même dans ses lignes
afin de surprendre ses dispositions, savoir rendre un
compte exact de ce qu'ils ont vu, ainsi que de la nature du terrain qu'ils ont parcouru; car, qu'on le
sache bien, dans le service d'éclaireurs d'où peut souvent, tout aussi bien que dans la mêlée après la charge,
résulter le combat individuel, toutes choses égales
d'ailleurs, la supériorité restera toujours à celui des
cavaliers qui, sachant bien manier ses armes, montera le mieux le cheval le mieux mis. Il en est de
même pour les mouvements d'ensemble d'une troupe
qui seront exécutés avec d'autant plus de précision et
de rapidité que chaque cavalier sera plus maître de son

cheval ; sans cela, il n'y a plus de direction assurée, plus de « botte à botte », plus d'alignement, plus de cohésion, la masse est disjointe, flottante et perd de sa puissance.

On ne saurait donc trop s'élever contre cet état de choses si préjudiciable au prestige de l'armée, dont les conséquences seraient fatales le jour où il faudrait chausser les étriers pour de bon.

Le mal existe, il n'y a aucun doute à avoir, et on n'y remédiera qu'en créant une académie d'équitation avec ou sans le concours de l'État ? Si le mot éveille les susceptibilités démocratiques des politiciens, du genre de ceux qui se font promener au Bois par leurs chevaux, et ignorent certainement jusqu'au nom de Pluvinel, de la Guérinière, de d'Abzac, de d'Auvergne et de tant d'autres maîtres, on adoptera simplement celui d'*École* ou de *Manège*. La question est trop importante pour chicaner sur l'enseigne des établissements que je voudrais revoir renaître pour la bonne renommée de l'art équestre en France. J'insiste sur ce point, parce que, à notre époque, les chinoiseries de langage jouent un grand rôle dans l'élaboration des projets et réformes, susceptibles d'apporter une amélioration quelconque dans l'état de notre pays.

Je n'ai pas la prétention de vouloir renouveler la race des Centaures : je demande simplement à remettre l'équitation en honneur. Aujourd'hui, tout le monde parle d'escrime et l'on ne saurait trop favoriser le mouvement qui pousse vers les salles d'armes. Les

assauts multipes auxquels nous assistons prouvent que
de grands progrès ont été accomplis et que les maîtres
ont souvent des élèves qui font honneur à l'enseignement reçu. Je voudrais voir la même vogue se porter
vers les manèges où les exercices de la piste seraient
aussi profitables à la jeunesse que ceux de la planche.
En dehors des avantages que nous ne contestons pas,
l'escrime n'a pour but que d'apprendre à coucher son
adversaire sur le terrain, ce qui est expressément
défendu par les lois, à moins qu'elle ne vous déroute
par le jeu d'une mazette qui vous envoie mordre la
poussière, au grand étonnement de la galerie. Les
maîtres, qui forment une corporation des plus honorables, voient les principaux d'entre eux promus dans
la Légion d'honneur, ce qui est une consécration écla-
tante et officielle de leurs efforts.

A-t-on jamais vu un professeur d'équitation décoré ?
Non. Il y en a eu pourtant de fort remarquables ; l'un
d'eux a eu plusieurs de ses élèves qui sont devenus
généraux, et sur le champ de bataille, où ils se sont
couverts de gloire, on les a vus mettre à profit les
solides leçons de leur vieux maître, pour galoper
devant les troupes et rester en selle pendant des jour-
nées entières.

Il n'y a pas de doute à avoir, l'équitation n'est pas
en honneur en haut lieu ; et l'on ne se rend pas
compte des avantages qu'il y aurait à tirer, au point
de vue de l'armée, de la fréquentation sérieuse des
manèges. Malgré cela, nous croyons que le mo-

ment est favorable au rétablissement des vrais principes qui ont, autrefois, fait honneur à notre nation.

Personne en effet de ceux qui, à des titres divers, assistent aux réunions du concours hippique qui ne se parent du titre de *horsemen* et ne pontifient quelque peu en donnant son concours ou plus modestement son avis. Tous sont, à n'en pas douter, animés des meilleures intentions, mais, me permettra-t-on de le dire, celles-ci ressemblent terriblement à celles dont l'enfer est pavé.

Pour tout dire en un mot, le Concours hippique, tel qu'il est actuellement, est un spectacle attrayant, plein de charmes, une distraction mondaine du plus haut ragoût, mais il ne répond à aucun besoin, n'offre rien de pratique et sert tout au plus à fournir quelques échos ou chroniques *high-life* à la *Vie Parisienne* et une série de dessins aux journaux illustrés.

C'est sans doute quelque chose, mais on conviendra que c'est insuffisant.

Une double désillusion attend ceux qui, n'étant point édifiés par une expérience antérieure, se rendent, sur la foi du titre, au Concours hippique. Certes, ils voient des chevaux qui marquent bien dans une écurie et peuvent voir en selle des cavaliers, à qui on ne saurait contester toute valeur, mais que cela est loin de ce que l'on est en droit d'attendre d'une œuvre, à laquelle ne sont marchandés ni les encouragements, ni la réclame, ni l'argent, et que la « mode » a prise sous sa protection.

D'une façon générale, il faut le constater tout en le regrettant, les chevaux présentés à l'appréciation du public n'offrent, si l'on peut parler ainsi, qu'un intérêt tout personnel. Ce sont de belles bêtes assurément, mais rien ou bien peu de chose qui, dans l'ensemble, permette de voir le travail fait en vue du dressage, la préparation à un travail déterminé. Rien à dire au point de vue de l'apparence, rien à reprocher à ce poil lustré et brillant, à ces queues et à ces crinières entretenues savamment, et avec un art, qui frise à la coquetterie; mais c'est à peu près tout, et, passés les exercices de steeple, où les chevaux réussissent par l'impulsion, et qui font se pâmer les profanes, on s'aperçoit aisément que la plupart des sujets n'ont point été soumis à un dressage spécial et préparatoire pris de longue date.

Même désenchantement lorsqu'on examine les cavaliers. D'année en année l'élément militaire prend une plus grande importance et quoique, en bonne justice, on doive constater les réels progrès accomplis par nos sportsmen de l'armée, il est bien permis d'ajouter qu'ils sont loin d'être encore ce que l'on désire et ce que l'on attend. Penser que c'est là, ou que ce doit être là l'élite de nos cavaliers militaires, n'est pas sans suggérer quelques réflexions pénibles, à propos de ce qu'est l'équitation dans l'armée.

On a là une démonstration par trop évidente, et les arguments venus d'ailleurs ne nous manquent pas, que l'équitation est sinon absolument négligée, au

moins mal comprise et mal dirigée. Ce n'est pas
d'hier que je l'ai vu et dit. Quand un jeune soldat
arrive dans un régiment de cavalerie on lui apprend
à « aller » à cheval, à se tenir sur sa bête ; on ne lui
apprend pas à la « monter », à la diriger. Le côté intelligent de l'art est laissé de côté, tout se borne à
quelques règles pratiques, inculquées par des méthodes routinières, et qui ont pour effet de nous
donner des hommes qui s'enfourchent sur une selle,
mais ne sont pas des cavaliers.

Il est vraiment étrange que ces choses soient si
peu vues et si rarement dites. Ce n'est point pourtant faute de l'importance qui s'y attache, ce n'est
point non plus que le remède au mal soit si difficile
à trouver. Ce remède, je l'ai déjà maintes fois préconisé et jaloux du succès d'une œuvre que je sais
bonne et utile, je ne cesserai de le faire — c'est la
création d'une école d'équitation.

On a, sans regarder aux sacrifices, multiplié de
toutes parts des institutions, des établissements d'éducation variés, des académies diverses dont l'utilité
était, à coup sûr, bien plus contestable et bien moins
immédiate.

Par indifférence, par faute de prévoyance et de
connaissance des vrais intérêts patriotiques, on a
laissé chez nous de côté cette question de l'équitation,
dont le niveau n'a pas tardé à s'abaisser ; on a laissé
ainsi ou failli laisser passer en d'autres mains un
sceptre que nous avons toujours tenu. Heureusement,

les efforts de particuliers dévoués, amoureux d'équitation, ont sauvé notre réputation, mais ce n'est pas assez. L'initiative privée ne peut arriver qu'à des résultats imparfaits et incomplets; c'est à l'État, qui doit avoir le souci et qui a la responsabilité de tout ce qui touche à notre prospérité, à notre sécurité, à notre renommée, qu'incombe le soin d'agir.

Et il le peut aisément. Il faudrait peu de sacrifices pour mettre en réalisation cette idée qui groupera de suite une élite autour d'elle, de la création d'une École Nationale d'Équitation. Ce ne sont point les professeurs qui feront défaut, les sympathies et les encouragements qni manqueront.

Les épreuves du Concours hippique, en sont, malgré les réserves que j'ai cru devoir faire, un sûr garant. Par bonheur, on aime toujours l'équitation en France, mais il faut qu'on s'en occupe d'une façon plus sérieuse et pratique, et si l'on croit, comme moi, que les concours, — si entourés d'éclat, — de peinture, de sculpture, d'architecture ont un résultat efficace et servent aux intérêts et à la gloire de la nation, on me concédera bien qu'un Concours hippique, où l'on s'occuperait à la fois du cheval et du cavalier, mériterait aussi qu'on s'arrêtât et qu'on l'entourât de quelque sollicitude. Il ne suffit point que cela soit une fête sportive, si brillante qu'elle puisse être, il faut qu'il en ressorte un enseignement et que *de ce qui est* on conclue à ce *qui doit être*.

La création d'une armée de seconde ligne, où les

capitaines et les officiers supérieurs doivent être
montés comme leurs camarades de l'armée active,
entraîne celle d'une École d'équitation, qui servira
non seulement à faire renaître en France un art
presque perdu, mais encore à permettre aux chefs de
se présenter honorablement devant la troupe.

L'État ne peut manquer d'encourager cette institution que l'on met au premier rang de celles nécessaires à la bonne constitution des cadres de la réserve
et de la territoriale, cause qui nous engage à sou-
haiter, avant peu, la réalisation d'un projet dont tout
le monde comprend les avantages multiples.

Entrons, selon une expression reçue, dans le vif
de la question, en l'envisageant d'abord au point de
vue des difficultés qu'elle présente.

Pour que ces académies, ces manèges si l'on aime
mieux, que j'espère voir créer à Paris et dans les
grands centres, avec le concours de l'État et sous sa
surveillance, puissent être fréquentés par tous, il faut
que les prix d'entrée en soient abordables ; et l'on se
demande, si elles étaient créés uniquement dans
un but militaire, si elles seraient ouvertes aux civils
et aux dames. Il y a évidemment là un problème
difficile à résoudre, et l'on n'est pas étonné de voir
des personnes très compétentes arrêtées par les
grosses dépenses qu'entraîneront l'installation, l'entretien du personnel, l'achat des chevaux, la sellerie,
les fourrages, la ferrure, etc., etc.

La seule façon d'arriver au but tant désiré serait,

si l'État ne prend pas l'initiative de cette création, de faire un cercle équestre et militaire, sur le modèle de celui qui existe à Bruxelles. Il y aurait un certain nombre de sociètaires, des membre adhèrents, enfin des clients présentés par des amis.

Aujourd'hui, tout est au cyclisme et à l'automobilisme. Les courses de bicyclistes sont à la mode ; et dernièrement on a vu un Ministre de la guerre pédaler, en compagnie d'un officier général, dans les allées du Bois.

Les bicyclettes et autres instruments de transport, font la fortune de leurs fabricants, et poussent la jeunesse des deux sexes vers un *sport nouveau*, sur lequel on me permettra de ne pas donner mon appréciation.

Quant à l'équitation, elle est dans le marasme, et il serait pourtant aussi facile de donner des fêtes équestres que des courses de bicyclettes.

Comme nous ne cesserons de le répéter, on veut maintenant un cheval tranquille pour aller au Bois et, quand on s'est fait voir au club des panés, on rentre heureux chez soi avec la satisfaction d'avoir épaté le public, qui s'est simplement contenté de rire, en voyant ces centaures modernes portés sur des chevaux qui les mènent. Mais ces mêmes gens tranquilles se font quelquefois tuer quand leur cheval, si doux qu'il soit, fait un écart sur une surprise quelconque.

Nous persisterons à chercher par tous les moyens

à ramener le goût du cheval par des fêtes équestres,
et surtout par la création d'une académie nationale.
Le but de l'équitation est la chasse et la guerre. Il faut
donc savoir très bien monter dans un manège et apprendre un peu du métier d'écuyer, puis monter des
pur-sang pour savoir aller vite. Alors on se tirera
d'embarras partout. On dit que, dans certains manèges, les élèves s'ennuient. C'est au directeur à avoir
des écuyers capables et intelligents qui intéressent
les commençants au lieu de les dégoûter. Toute
la question est là; et il ne serait pas difficile de
trouver des exemples, pour prouver que les bons
cavaliers de nos jours, sont généralement élèves de
M. Jules Pellier.

L'équitation est une science et un art des plus difficiles. Ce qu'il faut non seulement de temps et de
dispositions physiques pour, je ne dirai pas monter à
cheval, mais pour s'y tenir, sont des facteurs dont
on ne se préoccupe pas assez. Est-il admissible, par
exemple, que des jeunes gens entrant à Saint-Maixent
à vingt-sept et vingt-huit ans, prenant deux leçons
par semaine, d'une heure chacune, pendant neuf
mois, puissent être des cavaliers? lorsque les élèves
d'infanterie de Saint-Cyr, qui ont déjà monté à
leur arrivée à l'École et qui prennent pendant deux
ans, ou plus exactement dix-huit mois, trois leçons
par semaine, reconnaissent qu'ils sont à peine capables de rassembler leurs rênes, qu'ils ne peuvent
obtenir d'un pauvre cheval de troupe, qui ne de-

3

mande qu'à bien faire, un départ au galop sur le bon
pied.

Dans le plus grand nombre des garnisons d'infanterie, il n'y a ni régiment de cavalerie, ni régiment
d'artillerie. Qu'arrive-t-il ? C'est que ces officiers,
quand ils sont nommés capitaines, n'ont pas monté à
cheval au moins depuis dix ans. La science de l'équitation demande cependant à être cultivée journellement si l'on veut arriver à un résultat. Mais pour
cela faire, je crois que la création d'une académie
d'équitation, classée au département de l'agriculture,
peut seule assumer cette tâche, et si j'insiste sur ce
sujet, c'est que je me sais soutenu par l'armée,
et quantité de personnes approuvant mes deside-
rata.

Puisque l'on a emprunté à l'Angleterre ses mœurs
sportives, pourquoi ne l'imiterait-on pas en suivant son exemple dans la protection qu'elle ac-
corde aux professeurs d'équitation qui, de l'autre
côté du détroit, jouissent d'une considération très
grande.

L'équitation a besoin de se perfectionner, et l'on
n'arrivera à faire quelque chose que le jour où l'on
révolutionnera la smala des satisfaits, pour donner
cours au progrès qui s'installera de suite dans les
manèges, d'où l'on bannira la pratique routinière,
pour donner un enseignement méthodique, qui
préparera la jeunese au rude métier des armes; et
permettra aux officiers de réserve et de l'armée

territoriale de s'entretenir dans le noble exercice du cheval.

L'instruction qui serait donnée à cette académie comprendrait l'enseignement des moyens équestres, relatifs à la position du cavalier, à sa tenue et à la conduite du cheval aux trois allures, jusques et y compris les changements de pied, car il est essentiel pour la sécurité du cavalier et la facilité de ses mouvements, que le cheval galope sur le pied droit pour tourner à droite, et sur le pied gauche pour tourner à gauche.

Le travail en carrière serait commencé aussitôt que possible, c'est-à-dire dès que les élèves auraient acquis au manège une position régulière et la connaissance suffisante de l'emploi des aides, pour conduire leurs chevaux aux trois allures. A dater de ce moment, on ferait alterner entre elles les leçons au manége et celles en carrière; puis, peu à peu, on augmenterait le nombre de leçons en carrière et on diminuerait celles au manége, de manière à arriver à ne plus faire monter les élèves qu'à l'extérieur et à leur faire sauter des obstacles, sur des chevaux de plus en plus vigoureux et entreprenants; enfin, on leur apprendrait le dressage.

Chaque année, à l'époque du concours hippique, les élèves, qui auraient le mieux réussi, seraient désignés par l'écuyer en chef pour y figurer, sur des chevaux bien préparés, ce qui serait un puissant stimulant pour les élèves, pendant le cours de leurs leçons, et d'un bon exemple pour le public. Des prix et des mentions honorables seraient accordés par la Commission du concours hippique. On comprendra que de tels moyens seraient de nature à encourager et à propager le goût de l'équitation.

Comme tout enseignement sérieux doit reposer sur une méthode claire, précise et unique, enseignée par tous et partout, le Ministre de l'Agriculture d'accord avec le Ministre de la Guerre, convoquerait une assemblée de douze hommes de cheval civils et militaires, bien connus par leurs capacités équestres, pour les charger d'arrêter en conseil et à la majorité des voix, tant pour le cavalier que pour le dressage du cheval, un code d'enseignement, dont chaque principe aurait été discuté et rédigé sous forme de leçon ; de la sorte, on arriverait à l'uniformité de l'enseignement. Il en résulterait un avantage immense, à savoir : que tout cavalier pourrait monter *a priori* n'importe quel cheval dressé d'après les principes arrêtés, sans avoir besoin de l'étudier préalablement avant de s'en servir, comme on est obligé de le faire habituellement, car l'un et l'autre, parlant en quelque sorte le même langage, s'entendraient immédiatement.

On objectera peut-être que la rédaction d'une méthode unique est difficile, et même impossible, attendu que chacun en équitation se croit dans le vrai, tient à son idée, et est peu disposé à faire des concessions ; c'est là, en effet, l'un des travers des médiocrités : car l'homme véritablement supérieur est d'ordinaire modeste, bienveillant et conciliant, et sait tout ce que lui a coûté de peines et de travaux l'expérience qu'il a acquise, et il est par cela même disposé à faire des concessions. D'ailleurs, qu'on nous permette de croire que la fibre patriotique est encore assez vibrante pour faire que, devant un grand service à rendre à l'art équestre, ces hommes, qui en tiennent la tête, sauraient faire taire leurs préférences personnelles pour discuter froidement, de bonne foi, et n'apposer leur signature d'approbation, sur chaque principe mis en question, qu'après avoir tout bien pesé.

Dans une création de l'importance de celle que nous réclamons, il faudrait que le corps enseignant fût bien choisi ; il faudrait aussi, pour le relever, lui donner un cachet de stabilité. En conséquence, l'écuyer en chef serait nommé par le Ministre, il en serait de même des écuyers et des sous-écuyers, sur la proposition de l'écuyer en chef au conseil d'administration, lequel conseil soumettrait les nominations à la sanction du ministre.

Nous pensons que des notions générales sur l'anatomie et la physiologie doivent faire partie de l'instruction de l'homme de cheval.

De même qu'un ouvrier connaît l'instrument dont il se sert, le démonte, l'entretient et le répare, de même n'est-il pas utile que l'homme de cheval connaisse l'organisme de la monture dont il se sert

journellement, de laquelle il exige souvent des
courses longues, pénibles, et des efforts extrêmes ?
n'est-il pas utile, disons-nous, qu'il en connaisse les
besoins, la somme et le genre de travail qu'il peut
lui demander, sans nuire à sa conservation, et les
soins à lui donner pour entretenir et réparer ses
forces ? qu'il connaisse aussi l'anatomie du pied, cette
partie si essentielle, et de la qualité duquel dépend
en grande partie la valeur du cheval, les règles d'une
bonne ferrure et les inconvénients si nombreux qui
peuvent résulter de sa mauvaise application, les tares
qui déprécient toujours sa valeur, et dont la gravité
varie en raison directe de leur nature, de leur forme,
de la place qu'elles occupent et des tissus qu'elles
affectent ?

Or, ce sont l'anatomie et la physiologie qui nous
éclairent sur ces différents points ; il est donc essentiel que tous les apprentis hommes de cheval con-
naissent l'hippologie.

Ils devront aussi connaître le menage. Tout homme
de cheval devant aussi bien savoir conduire les chevaux attelés qu'il sait les monter. De même que l'on
ne s'improvise pas homme de cheval du jour au lendemain, de même on ne saurait *a priori* devenir un
cocher bien assis, régulièrement posé du corps, des
jambes, des bras et des poignets, savoir tenir ses
guides, son fouet et s'en servir avec élégance.

La conduite du cheval attelé seul, ainsi que celle
des chevaux attelés à deux, à quatre, en *tandem*, a

ses règles et ses principes, qu'il faut apprendre, non
seulement pour conduire régulièrement et avec grâce,
mais aussi pour avoir assez de ressources en soi, dans
un moment donné, pour éviter les accidents de toutes
sortes qui peuvent se produire. Il faut, en outre, que
l'homme de cheval, tout aussi bien que le cocher,
sachent seller, brider, harnacher et atteler, car il est
de principe, pour éviter les accidents, que l'un et
l'autre doivent, avant de monter en selle ou sur le
siège, s'assurer si toutes ces opérations ont été bien
faites, et pour vérifier il faut savoir.

Malheureusement, tout le monde aujourd'hui voulant être arrivé avant d'être parti, on saute à pieds
joints sur tous les principes, et voilà pourquoi les
hommes de cheval sont devenus si rares dans l'élément civil ; si l'armée a encore des écuyers, c'est
parce qu'on y est resté convaincu de la nécessité du
travail au manège et qu'on y assujettit, et fort rudement, les officiers-élèves de Saumur.

Il ne s'agit pas d'avoir pilé du poivre pendant une
trentaine de leçons, pour se croire arrivé, en matière
d'équitation, à la hauteur des d'Abzac et des de la
Bigne. L'équitation est un art dont l'étude est longue
et laborieuse, difficile, qui, de plus, comme tous les
autres, réclame des aptitudes innées, sans parler
d'une conformation favorable. Pour acquérir l'assiette, la légèreté de main, le tact, le sentiment du
cheval, c'est-à-dire pour conduire sa monture, au lieu
d'être conduit par elle, la pratique persévérante est

indispensable, il faut avoir pioché sur la piste, monté les sauteurs pour devenir seulement un cavalier passable.

Si les annales de notre histoire nous apprennent que, de tout temps, l'équitation a été en honneur en France, nous sommes forcé de reconnaître que jamais elle n'a été aussi mal pratiquée qu'aujourd'hui. Je sais bien que ce n'est pas l'avis de tout le monde, mais quitte à m'exposer à des choses désagréables, je prendrai la liberté de dire à mes contemporains non pas qu'ils montent mal à cheval, mais, qu'à part certaines individualités trop connues pour être citées, ils n'y montent pas du tout. Et ce, parce que l'équitation n'est plus un art, mais un plaisir frivole. Toute son importance réside dans la valeur présumée du cheval et les accointances mondaines ou le milieu social qu'on attribue au cavalier. On acquiert plus de considération — passez-moi le mot, car la considération est chose relative — en montant, médiocrement, un beau et mauvais cheval, aux endroits et aux heures consacrés par la mode, qu'en montant très habilement un vigoureux animal, dont le modèle n'attire pas l'attention. La question du *tableau* passe avant tout.

Entre une tête distinguée, qui se fixe harmonieusement à une encolure longue et fière et une croupe bien fournie, d'où la queue se détache avec élégance, le plus maladroit, assis avec une apparence de simplicité très calculée, peut se féliciter intérieurement ;

le passant dira ou pensera : « Le beau cheval ! il doit valoir un prix exorbitant. » Donc l'homme est très riche. Tout est là !

C'est cette équitation qui nous a conduits où nous en sommes.

L'ÉQUITATION MODERNE

CHAPITRE II

L'ÉQUITATION MODERNE

Jamais on n'a tant monté à cheval qu'aujourd'hui, jamais peut-être on n'y a si mal monté. Le fait n'est pas indifférent à une époque où, tout le monde devant payer son tribut à l'armée, notre cavalerie se recrute parmi des gens dont les trois quarts ignorent ce que c'est que le cheval et dont le quatrième quart s'en doute à peine. On sait l'importance du rôle joué par la cavalerie dans la guerre moderne. Le souvenir des uhlans prussiens doit nous rester comme une constante leçon.

Il résulte de cet état de choses qu'il n'existe, à vrai

dire, pas d'équitation en France. On monte à cheval chacun selon son inspiration ; aussi peut-on diviser les cavaliers de Paris en deux catégories distinctes ; quelques individualités brillantes, particulièrement douées pour cette branche de sport, en ayant, en quelque sorte, une intuition native et ayant deviné ce qu'il ne leur a pas été possible d'apprendre ; ou bien des nullités absolues ; il n'y a pas d'intermédiaires. Les premiers seraient peut-être plus supérieurs encore s'ils avaient reçu une éducation rudimentaire ; les seconds pourraient au moins se promener décemment sur un cheval tranquille.

On invoque toujours l'exemple des Anglais pour justifier cette manière de faire, il est mal choisi. Il existe d'abord, en Angleterre, un sentiment inné du cheval, qui fait absolument défaut en France ; j'en invoquerai pour unique preuve la perfection des différentes races nées dans ce pays, toutes pourvues des aptitudes propres aux destinations auxquelles elles sont affectées, et je mettrai en regard le cahos au milieu duquel nous pataugeons, sans pouvoir en sortir depuis plus d'un demi siècle. Puis, en Angleterre, tous les hommes, nés dans des conditions où l'usage du cheval devient une nécessité presque obligatoire, ont par devers eux, dès l'enfance, une pratique équivalant, pour les usages ordinaires, au meillieur de tous les enseignements. La chasse au renard est une grande école où bon gré, mal gré, il faut se mettre dans la selle ou rentrer chez soi. Il ne s'agit plus ici de faire de la théorie sur une chaise ; il faut, au grand soleil, montrer ce que valent l'homme et le cheval ; chacun est classé suivant son mérite et jugé sur ce qu'il fait. Avec une organisation sociale de cette sorte et de semblables habitudes, on peut se passer d'écoles d'équitation, cela se comprend de reste.

Il n'en est pas de même chez nous, surtout depuis que l'exercice du cheval, n'étant plus le privilège exclusif d'un petit nombre, est devenu en quelque sorte du domaine public. L'équitation, comme à peu près toute chose en ce monde, est soumise à des lois dont il n'est pas permis de s'écarter sous peine de devenir dangereux ou ridicule. La position de l'homme, l'équilibre du cheval résultent d'une éducation commune, sans laquelle l'accord ne saurait exister entre eux. Une pratique constante et journalière, jointe à un sentiment naturel, peuvent parfois en tenir lieu en faisant deviner ou exécuter, sans s'en rendre compte, ce que l'on aurait appris beaucoup plus vite avec l'aide d'un professeur. Il résulte de tout ceci, que monter à cheval n'étant pas, en fin de compte, une faculté naturelle à l'homme, il importe de l'apprendre, si l'on veut le savoir, absolument comme les armes, la danse et même la musique ou la peinture. On peut avoir une aptitude spéciale pour l'équitation comme pour toute autre chose, mais si elle n'est pas réglée et développée par l'éducation, elle reste toujours défectueuse ou incomplète et ne s'élève jamais au degré où il lui eut été donné de parvenir sans cette lacune.

Or, consultez aujourd'hui les hommes dont la compétence fait autorité en la matière, ils vous diront tous que l'équitation s'en va. Cela n'a rien d'extraordinaire, car on ne fait rien pour éviter cette déchéance.

La France, à toutes les époques, s'est fait un devoir d'encourager les arts; l'équitation plus que tous les autres était autrefois largement soutenue; alors, tout en comprenant que l'étude de l'équitation entraîne à des dépenses, dont sont exempts les autres arts, notre pays sentait combien il était important de propager un savoir d'où pouvait émaner la force de notre cavalerie et le débouché de nos productions chevalines. Aujourd'hui, les industriels de toute nature, les arts les plus futiles reçoivent de larges encouragements du gouvernement; l'équitation reste seule abandonnée, livrée à la merci de l'industrie particulière, n'offrant que des chances de ruine à ceux qui veulent s'en occuper sérieusement. Elle ne peut se soutenir qu'en se dégradant; aussi pour peu qu'un tel état de choses existe, malgré le zèle de quelques personnes pour conserver les bonnes traditions, il ne restera bientôt plus du passé qu'un vague et très imparfait souvenir.

Et pourtant cet art existe ou du moins il a existé. Pour monter à cheval, il ne suffit pas de mettre le pied à un étrier, de s'installer sur une selle et de s'y maintenir tant bien que mal. Il y a des règles certaines sans lesquelles il n'est pas de bon cavalier. Et par ce mot, nous n'entendons pas seulement le cava-

lier élégant, mais le cavalier sûr de lui-même. Or,
ces règles, véritables principes de l'art de l'équitation, sont aujourd'hui outrageusement méconnues.
Les neuf dixièmes des gens que nous rencontrons
chaque jour au Bois et qui passent pour monter à
cheval, se contentent d'enfourcher leur bête et de
prendre là-dessus une allure de convention, dont tout
l'objectif est de ressember le plus possible à celle de
tout le monde. Ils sortent de chez eux et y rentrent
sans s'être tués, après avoir prêté à rire plus ou
moins aux passants et — s'ils sont de bonne foi —
s'être procuré un plaisir très relatif. Si les deux com-
pagnons de promenade ont fait bon ménage, c'est
grâce à des concessions assez humiliantes pour celui
dont la prétention est d'être le maître. Se tenir vaille
que vaille sur une selle, aller, — pas toujours — où
l'on veut et à peu près comme l'on peut, n'est pas
monter à cheval. Cela ressemble à l'équitation comme
le badigeonnage à la peinture, le tapage à la musique, le calembour à l'esprit.

Cet oubli et ce mépris de toute tradition et de tout
principe se dissimulent assez habilement sous la
rubrique commode « d'équitation du dehors, large,
manière anglaise, etc. » Oh! quand à être « large »
on ne saurait le contester ; elle l'est tellement en
effet que si trois cavaliers montent ou descendent
l'avenue du Bois, c'est l'allée qui ne se trouve plus
assez « large » et il n'y a guère moyen de passer auprès
d'eux sans risquer une ruade ou un choc quelconque.

Toutefois, en ce qui concerne cette prétendue équitation anglaise, nos voisins — nous en sommes sûrs — seraient très surpris et surtout médiocrement flattés de s'entendre attribuer une telle manière de faire, qui n'a de nom dans aucune langue, pas plus qu'elle n'existe dans aucun pays. Ceux-là seuls qui l'ont inventée peuvent en réclamer la paternité. Elle ne leur sera contestée par personne.

Il est déplorable de voir l'équitation française descendre à ce point lorsqu'on songe au degré de supériorité où elle s'est jadis si longtemps maintenue. Autrefois les cavaliers français passaient pour les premiers du monde; c'est qu'alors ils faisaient ce qu'il faut pour conquérir ce titre et le garder. Ils savaient que tout s'apprend, l'art de monter à cheval comme le reste, et pour apprendre cet art ils se mettaient à l'école où on l'enseignait.

Ce beau temps n'est plus et cette belle tradition est en train de se perdre. La solidité de l'assiette unie à l'élégante souplesse de l'allure, la correction de la tenue et, pardessus tout, « le sens du cheval » qui est le résumé de toutes les qualités instinctives ou acquises du cavalier, voilà ce qui s'en va, voilà ce qui aura bientôt entièrement disparu, si l'on n'y prend garde. Est-ce à dire que les professeurs de l'ancienne école n'aient plus chez nous de représentants? Non, nous possédons encore des cavaliers dont la réputation est universelle. Mais ce n'est là qu'une élite restreinte. En dehors de ce cercle étroit, la saine notion de l'équitation s'en va.

Il y a un mal qu'il faut enrayer. M. Jules Pellier, que l'on considéra toujours comme l'un des maîtres, ayant lutté pour réagir contre l'indifférence de la jeunesse, explique dans son *Essai sur l'Équitation*, les causes de la décadence de l'enseignement.

« Tant que les directeurs de manége, dit-il, se sont appliqués à propager les principes qu'ils avaient reçus, ils ont conservé à leur École l'avantage de former encore des élèves recommandables ; mais, depuis qu'ils se sont contentés de satisfaire le public en cédant à ses désirs, il n'a plus été fait de différence entre un professeur et un casse-cou qui a osé s'annoncer comme professeur d'équitation ; et les jeunes gens ont préféré les leçons qui les amusent à celles qui les instruisent.

« Dès lors les entrepreneurs de manége qui cherchaient à entretenir dans leur école l'usage des vrais principes, ne pouvant résister aux pertes que leur causait la désertion des élèves furent obligés de céder au torrent de la mode, et la décadence devint complète. »

Le mal n'a fait qu'empirer ; et beaucoup d'établissements où professaient des écuyers remarquables, ont dû fermer leurs portes parce qu'on y *ennuyait* les élèves en leur faisant relever quelquefois les étriers pour leur donner l'assiette, l'aplomb et la régularité de la position, base première de l'enseignement. Et cela est indis-

pensable, car tout cheval bien mis est une balance
dont les épaules et les hanches sont les plateaux et
le cavalier l'aiguille. Ceci posé, il est facile d'en
déduire que la moindre oscillation de l'aiguille se
fait instantanément sentir sur l'un ou l'autre des
deux plateaux et détermine un mouvement juste ou
faux, suivant l'impulsion communiquée. Autrefois,
l'élève était rigoureusement soumis à un long et
pénible apprentissage pendant une année, et souvent
plus longtemps il était condamné à la selle française,
sans étriers et cela sous une surveillance sévère et
infatigable. On ne lui passait rien; dès que sa position s'écartait de la plus rigide régularité, il y était
sévèrement rappelé. C'est le seul moyen de faire non
seulement un écuyer, mais encore un cavalier. Le
mouvement instinctif de tout homme à cheval est de
remonter les genoux et de pencher le haut du corps
en avant. Or, il faut prendre l'habitude de faire exactement le contraire, sans avoir besoin d'y penser.
Tout cavalier préoccupé de sa position ou inquiet de
rester sur sa selle, ne peut avoir aucune action sur
son cheval. Toutes ses facultés se concentrent forcément dans une seule idée, «ne pas tomber.» Dès lors
il se contracte, se crispe, s'attache instinctivement à
la bouche du cheval, et l'homme n'existe plus! C'est
un volant sur une raquette! En selle, il faut être assis
comme dans un fauteuil, chez soi, mais y être complètement afin de conserver la libre disposition de
son jugement et surtout de ses effets de mains ou de

jambes. On doit faire agir les unes et les autres simultanément ou isolément sans même avoir besoin d'y
penser ; cela doit se faire tout seul, par suite d'une
habitude en quelque sorte instinctive et mécanique.

Cette aisance, cette facilité de mouvement, cette
sûreté de soi-même, une seule chose peut vous la
donner, « trotter autour du manège sans étriers ; »
mais trotter longtemps, indéfiniment, jusqu'à ce qu'on
se sente maître de ses moyens. Alors, mais alors seulement, il est permis de savoir si l'on a le sentiment
du cheval, si l'on pourra devenir un écuyer. Dans
tous les cas, il reste toujours une habitude pratique à
l'aide de laquelle on se sert convenablement d'un
cheval qui n'est pas difficile, à la condition toutefois
de limiter ses exigences à sa propre capacité et de ne
rien demander que l'on ne soit en état d'exiger et
d'imposer. Il n'existe pas de cavalier sans cette indispensable préparation. Autrement, avec de l'audace,
de l'amour propre et de la jeunesse, vous allez, tant
bien que mal, pendant un certain nombre d'années,
mais dès que l'âge se fait sentir, vous n'existez plus.

Le comte Savary Lancosme-Brèves écrivait en 1842
les lignes suivantes :

« Si quelque voix s'élevait pour réclamer publi-
quement contre l'exclusion injuste qui frappe l'équitation, si elle faisait remarquer que, seule elle n'est
point admise dans les académies ouvertes aux représentants d'élite des autres sciences et des autres arts,
un sentiment de surprise accueillerait sans doute

cette prétention, et celui qui oserait s'en rendre l'organe passerait aux yeux du plus grand nombre, pour un enthousiaste que l'amour-propre égare. »

On ne saurait donc trop s'élever contre cet état de choses si préjudiciable au pays, dont les conséquences seraient fatales le jour où il faudrait chausser les étriers pour de bon.

Envisagée à un autre point de vue, on a trop oublié de nos jours que l'équitation n'est pas qu'une affaire de luxe, de mode et de plaisir, mais qu'elle est de tous les exercices du corps, le plus noble, celui le plus propre à développer l'état physiologique de l'homme, à diminuer les tares héréditaires engendrées par la tuberculose, l'alcoolisme, l'imperfection du développement des enfants des grandes villes, de la dégénérécence de la race, car elle s'adresse à toutes les fonctions ; or, comme elles sont toutes solidaires, il n'en est pas une dont l'énergie s'accroisse, sans en mettre une autre en jeu et en augmenter l'activité, car elle réveille celle qui se ralentit, maintient et ramène l'équilibre et rétablit l'harmonie entre tous les phénomènes physiologiques de la vie.

Ce que l'on ignore même, c'est qu'un des grands avantages de l'équitation bien enseignée est de fortifier tous les tissus, de donner plus de développement et de perfection aux principales fonctions de l'économie, sans déterminer cette fatigue et cet épuisement que les grands exercices occasionnent, car rien n'est plus facile d'ailleurs que d'en graduer et mesurer l'effet.

« Le moral lui-même, comme le fait si bien remarquer M. Michel Lévy (*Traité d'hygiène*) le moral se
trouve heureusement modifié par l'équitation, d'abord
en vertu de la réaction que l'état matériel des organes
exerce sur lui, ensuite en raison des excitations
directes qu'il reçoit. »

L'émotion timide du noviciat dans les manèges,
l'étude inquiète des mouvements du cheval, l'espèce
de lutte qui s'établit entre lui et le cavalier, les élans
et les prouesses dus à l'émulation, les impressions
plus rapides et plus variées que procure cet exercice,
la fierté qu'on éprouve à dominer l'espace de plus
haut et avec une grande puissance de locomotion,
voilà autant de sensations inconnues du piéton, pour
qui la promenade n'est souvent, comme l'a dit Vol-
taire, que le premier des plaisirs insipides.

En outre, l'équitation n'est-elle pas le meilleure
antitode contre toutes les affections qui atteignent les
hommes de cabinet, les bureaucrates ; contre le sur-
menage intellectuel de nos jeunes générations, qui
plient sous le faix des exagérations toujours crois-
santes des programmes, des examens rendus chaque
jour plus difficiles, sans qu'il en résulte une preuve
bien certaine de la valeur des candidats, contre l'étio-
lement, partout constaté, depuis quelques années,
des jeunes gens qui se préparent aux écoles du Gouvernement ; contre la déchéance physique de notre race ?

La vie, la santé ont pour condition l'activité har-
monique des facultés physiques et intellectuelles.

Mens sana in corpore sano, suivant l'enseignement
de l'école de Salerne.

Tel fut le but poursuivi par cette belle école ita-
lienne de la Renaissance, au XVᵉ siècle : faire des
hommes accomplis en toutes choses, utiles au physique comme au moral. Elle mettait les exercices du
corps à la hauteur de ceux de l'intelligence, elle
exigeait une préparation solide aux luttes de la vie.

Parmi les exercices du corps, l'équitation restait
l'art, l'exercice par excellence, comme étant le plus
apte à démontrer l'intelligence et l'habilité pratique
de l'élève. On l'avait reconnu comme le plus propre
à développer les qualités physiques des jeunes gens
en activant la circulation, la respiration, en agissant
sur les agents des mouvements, en exigeant la coor-
dination de tous les actes musculaires et en leur
donnant la précision qui semble leur faire défaut ;
enfin, à habituer la volonté à dominer instantanément nos actes matériels, à les arrêter ou à les reproduire.

Autrefois, l'équitation comme l'escrime ennoblis-
saient. De nos jours l'équitation est, pour beaucoup,
une manière de monter à cheval, innommée, indéfi-
nissable et inexprimable ; elle n'est plus qu'un corol-
laire insignifiant et facultatif de l'éducation.

Pourquoi cette défaveur? Pourquoi cet art, qui peut
rendre les plus grands services est-il ainsi méconnu
et déshérité par l'État ? Est-ce juste, est-ce prudent ?
Surtout quand on voit organiser et encourager à

l'étranger tous les moyens propres à développer le goût des exercices équestres, afin de porter à leur maximum de puissance toutes les forces vives de leur pays. Attendrons-nous qu'un nouveau désastre ait démontée la faiblesse de nos cavaliers?

Parcequ'autrefois l'équitation, dont le goût était général, était cultivée avec grand succès dans deux manèges : celui de la maison du Roi et celui de l'Ecole militaire ; aujourd'hui à part l'Ecole de Saumur, il n'y a à proprement parler aucune école où l'on enseigne l'équitation. Pourquoi donc n'aurions-nous pas comme autrefois une académie ou des manèges, seules institutions capables de rendre le goût du cheval.

N'est-il pas déplorable, de nos jours, de voir des officiers de la réserve et de la territoriale être la risée du public et de la troupe, quand ils enfourchent leur monture, pour une revue ou un service quelconque ? Si l'on ne pratique pas continuellement le cheval, on se rouille, et avec la meilleure volonté du monde, il devient impossible d'avoir l'élégance et la solidité, deux qualités essentielles au cavalier. Ces officiers n'ont pas de chevaux à leur disposition. Aussi, quand ils sont obligés de se remettre en selle, on n'entend parler que de courbatures, d'excoriations qui nécessitent les soins du docteur et le repos à la chambre. Les vingt-huit ou treize jours sont employés à se soigner au lieu de se confirmer dans l'étude pratique des règlements sur le terrain.

On ne saurait donc trop s'élever contre cet état de choses si préjudiciable au prestige du grade.

Le mal existe, il n'y a aucun doute à avoir. Servons-nous donc du cheval pour donner à nos enfants une éducation rude et sévère et le plus précieux de tous les biens : la santé. L'hygiène, la thérapeutique et la morale y trouveront leur compte ; la patrie, des cavaliers entreprenants, hardis, robustes, endurcis à la souffrance plus à l'abri des atteintes du mal, et ceux doués de la fortune, un plaisir aussi utile qu'agréable.

Ne voit-on pas quelle force des recrues sachant monter à cheval, aptes à tous les services, apporteraient à tous les cadres de l'armée, depuis le haut jusqu'en bas.

L'ÉQUITATION ANCIENNE

CHAPITRE III

L'ÉQUITATION ANCIENNE

M. de la Guérinière.

Je sais bien que de tout temps les très bons écuyers ont été rares, mais je dois dire cependant que nous en avons compté quelques-uns dont les noms sont cités avec orgueil dans les annales de nos anciens manéges. Depuis le sire de Grison, l'écuyer raisonnant peu, mais tapant fort, jusqu'à Baucher, en passant par Pluvinel, la Guérinière, de Lubersac, de Neuilly, de Nestier, d'Auvergne, de Bois-d'Effre, d'Abzac et d'Aure, l'équitation n'a fait que progresser. Et c'est en passant par la plupart de ces divers maîtres que la science équestre était arrivée à l'École de Versailles, à des hauteurs que jamais elle n'aurait pu dépasser.

L'autorité de l'École de Versailles, de cette école dont la réputation était universelle et dont le nom était connu — même de ceux qui ne l'avaient jamais vue — s'étendait sur toute l'Europe; on venait solliciter la faveur d'être admis à puiser la science à sa source la plus pure. C'était plus qu'une école d'équitation. Elle avait acquis le caractère d'une institution nationale, destinée à maintenir notre supériorité dans une spécialité ayant, à cette époque, la plus réelle importance.

Ce fut avec les éléments de cette école que la République forma des officiers. Bonaparte, cet homme aux grandes inspirations, lui donna un nouveau lustre; les Bourbons, dès leur rentrée en France, s'empressèrent de placer à sa tête des hommes d'une valeur incontestée, tels que d'Abzac, de Gaursac et Charrette de Boisfoucauld.

L'École de Versailles, selon moi, n'avait cependant pas, à proprement parler, une méthode; mais elle suivait, on peut dire, alors, avec méthode d'excellentes traditions. Sa grande supériorité, c'est qu'au point de vue de l'éducation du cavalier par exemple, elle arrivait par des moyens bien appropriés et des exercices bien gradués, à lui donner tout d'abord une position correcte et aisée, lui permettant plus tard de se servir de ses aides sans mouvements trop apparents.

De plus, elle ne lui laissait aborder les difficultés de
l'équitation qu'autant que cette position ne pouvait
plus en souffrir. En ce qui regarde le dressage des
chevaux, ce qui caractérisait cette école, c'est non
seulement le respect de ces traditions, mais encore
une suite et une gradation dans le travail, qui faisait,
qu'en matière d'exercices, on allait toujours du simple
au composé, un des meilleurs moyens de parler à
l'intelligence de l'animal et que l'on n'exigeait qu'à
la longue des choses compliquées. Aussi, ces hommes
de Versailles, maîtres de leur assiette, de leurs moyens
d'action, n'opposaient pas inutilement, je le redis encore, la main aux jambes, comme on le voit faire
journellement par des cavaliers prétentieux, pour
obtenir bien péniblement des allures artificielles, lesquelles se ressentent toujours des résistances que
l'animal a opposées.

Du reste, en réalité, l'homme de cheval, François
Robichon de la Guérinière, considéré avec raison
comme le fondateur de l'École française, a laissé un
enseignement qu'on ne peut guère qualifier de méthodique, mais qui peut être regardé comme très sage et
très pratique, quoique n'ayant pas, on peut dire, de
bases bien rationnelles. Et ce que l'on doit surtout
à la Guérinière, c'est d'avoir préconisé une position à
la fois plus aisée et correcte, qui fera toujours grand
honneur à l'École française. Né en Normandie, dans
les environs de Caen, de la Guérinière vint à Paris en
mars 1715 ; en 1719, il ouvrit un manège à l'angle de

la rue de Vaugirard et de la rue de Tournon; mais
obligé de se séparer de Colménil, son associé, il vint
prendre en 1724 la direction du manège des Tuileries
qu'il transforma, après autorisation du Roi, sur la
demande du Prince Charles de Lorraine, grand écuyer
de France, en une véritable école de cavalerie. Praticien hors de pair, il perfectionna son enseignement
et apprit à ses élèves, qui étaient fort nombreux, tout
ce qui avait trait à la guerre, à l'anatomie du cheval
et aux soins à lui donner et, avec l'aide d'un chirur-
gien, il leur apprit les opérations pouvant se faire en
cas de nécessité.

Élève lui-même de M. de Vandeuil, dont la famille
tint pendant plus d'un siècle l'Académie royale de
Caen, La Guérinière comprit la nécessité d'une méthode écrite, et il l'écrivit dans une langue claire,
correcte, élégante, qui montre la pondération de son
esprit, sa grande expérience pratique, les ressources
de son savoir. Ce livre est une œuvre admirable,
dont toutes les parties s'enchaînent avec ordre et qui
est rempli de vérités auxquelles le temps ne pourra
rien changer. Ce livre reste encore aujourd'hui un de
ceux qu'on peut consulter avec le plus de fruit. Toute
la partie qui traite de l'équitation et du dressage
ne le cède en rien, est même supérieure, pour
l'époque où elle a été écrite, à nos meilleurs ouvrages
modernes, et la fameuse « épaule en dedans », trop
peu comprise de nos jours, est vraiment admirable.

En simplifiant les moyens de dressage, il enseigne

FRANÇOIS ROBICHON DE LA GUÉRINIÈRE

au cavalier à chercher ses moyens de tenue dans l'équilibre et dans la rectitude de la position. Il fit abattre la palette et prescrivit au cavalier de glisser les fesses en avant, afin d'être plus à même d'embrasser le cheval, la cuisse devait être tourné sur son plat et la jambe, libre mais assurée.

Avant de La Guérinière, il n'existait pas de méthode bien arrêtée pour dresser le cheval aux passades, en *pirouettes et en demi-pirouettes*, dont on faisait cependant un si fréquent usage dans les tournois. La méthode (1) qu'il adopta est encore appelée dans les reprises de haute école : « Le travail sur le carré de La Guérinière. » Ce travail consistait à faire cheminer les chevaux des deux pistes sur un carré de quatre à six mètres, suivant la taille du cheval. L'animal était obligé de faire, à chaque angle du carré, un quart de pirouette ou un quart de pirouette renversée, selon la façon dont on cheminait, croupe en dedans ou croupe en dehors.

On reprenait ensuite le même travail au trot raccourci, et l'on diminuait progressivement le côté du carré jusqu'au point où le cheval était obligé de passager dans sa longueur ou de pirouetter au trot. *Passager un cheval dans sa longueur*, était la véritable quintescence de tout travail au trot de l'ancienne école : dans cet exercice difficile, le cheval fait le

---

(1) Le commandant Picard. — *Origines de l'École de cavalerie.*

passage du devant, tandis qu'il piaffe du derrière. On reprenait ensuite le travail progressif sur le carré, mais au *terre à terre*, galop des deux temps, plus cadencé que le galop ordinaire, et dans lequel le cheval pose en même temps les deux jambes de devant sur le sol et puis celles de derrière ; c'est, à vrai dire, une continuation de petits sauts fort bas et près de terre, le cheval avançant toujours, mais de côté. Du terre à terre au mézair, il n'y avait qu'un pas. Le mézair ou mésair (demi-air) était, en effet, un air qui consistait dans une suite de sauts ; les extrémités antérieures se levaient plus haut que dans le terre à terre, mais plus bas, plus coulé, plus avant que dans la courbette : c'était, à proprement parler, une succession de demi courbettes ; de là vient aussi le nom de demi-air. On conçoit qu'un cheval dressé au mézair, le long du mur, ne tardait pas à faire des quarts de pirouettes à chaque angle du carré de La Guérinière. Le calme et la régularité étaient, chaque jour, plus strictement exigés et le côté du carré était diminué jusqu'au point d'obtenir la pirouette complète sur l'arrière-main, l'avant-main au mézair.

Les courbettes, les voltes doublées, les sarrabandes, les terre à terre, et tous ces airs qui ne peuvent s'obtenir qu'en possédant les chevaux d'une façon extrême, et qui nécessitaient pour entretenir l'action, l'emploi continuel de l'éperon, ayant fait place à un travail plus simple, les moyens pou-

vant servir à pousser l'assouplissement du cheval à
son extrême degré, qu'employait généralement l'é-
quitation de Newcastle et de Pluvinel, ne furent plus
mis en usage par de La Guérinière, que dans l'exception.

La Guérinière comprenant très bien qu'un cheval
ne peut être dressé que lorsqu'il est dans la main et
dans les jambes, ce résultat ne pouvant s'obtenir que
par l'assouplissement de l'encolure, la connaissance
parfaite des jambes et du pincer de l'éperon, usa de
ces mêmes moyens pour soumettre les chevaux à
l'obéissance. Son travail favori, après avoir arrondi le
jeune cheval à la longe, après l'avoir mis assez en
confiance, et après avoir assez avancé son éducation
pour lui mettre le mors, est de faire exécuter le travail de l'épaule en dedans.

« Cette leçon, dit-il, produit tant de bons effets à la
« fois, que je la regarde comme la première et la der-
« nière de toutes celles qu'on peut donner au cheval,
« pour lui faire prendre une entière souplesse et une
« entière liberté dans toutes ses parties. Cela est si
« vrai, qu'un cheval qui aura été assoupli suivant ce
« principe, et gâté après à l'école ou par quelque
« ignorant, si un homme de cheval le remet pendant
« quelques jours à cette leçon, il le trouvera aussi
« souple et aussi aisé qu'auparavant. Cette leçon
« assouplit les épaules ; peu à peu le cheval se mettra
« sur les hanches, se disposera à fuir les talons, et
« lui donnera un bon appui sur la main. »

Tout le travail de La Guérinière est pour arriver à l'assouplissement de l'avant-main et de l'arrière-main; seulement il exigeait moins parce qu'il voulait moins obtenir.

Il conseille encore de varier les assouplissements de l'encolure en raison de la construction du cheval. « C'est le pli qu'on lui donne en maniant qui met le cheval dans une belle attitude; mais, prétend-il encore, le pli est expliqué différemment par les habiles maîtres. Les uns veulent qu'un cheval soit simplement plié en arc, qu'il n'ait qu'un demi-pli, dans lequel le cheval regarde seulement d'un œil, dans le cercle de la volte; les autres veulent qu'il fasse le demi-cercle, c'est-à-dire qu'il regarde presque des deux yeux en dedans de la ligne. Il faut convenir que, dans l'un et l'autre pli, le cheval a de la grâce; mais, selon moi, le pli en arc, qui n'est qu'un demi-pli, ne contraint pas tant le cheval, et le tient plus relevé du devant que dans celui ou il est plus plié, et dans cette dernière posture, la plupart des chevaux sont encapuchonnés, c'est-à-dire baissent trop le nez et courbent l'encolure. »

Cette leçon de La Guérinière est pleine de raison : c'est au cavalier à savoir discerner le point où doit être poussé l'assouplissement que l'on doit nécessairement varier en raison de la nature des chevaux, de leur force, de l'emploi auquel on les destine, loin de les assouplir et de les rompre tous indistinctement et de la même manière. Si le grand pli, dont parle de La

Guérinière, et qui tend à encapuchonner, peut être employé utilement sur un cheval raide d'encolure et portant au vent, qu'adviendra-t-il si l'on use du même assouplissement sur un cheval ayant le défaut de s'encapuchonner ? on ne pourra nécessairement amener qu'un résultat déplorable.

Les variations inévitables dans l'explication des principes ne peuvent être jugées que par des hommes déjà assez exercés pour avoir le sentiment du cheval; vouloir faire avec des recettes invariables un dresseur de chevaux du premier individu venu, est une chimère que l'on ne peut accepter.

En résumé, M. de La Guérinière fit faire à l'équitation une évolution complète; l'organisation plus large de la cavalerie lui avait fait comprendre qu'on devait avoir recours à une équitation moins savante. Il suivit les enseignements de la Broue, de Newcastle, de Pluvinel, mais en modifiant leur équitation supérieure. Pratiquant un travail qui tendait à assouplir les hanches et les épaules, il conservait à la bouche une légèreté extrême et ne considérait un cheval comme ajusté que si, fidèle à l'action des jambes, à l'attaque ou au pincer de l'éperon, il se maintenait, se dirigeait, placé du devant, par la simple action des rênes.

En un mot, il a compris la direction des forces instinctives du cheval dans toute la brillante application de son époque; ses théories sont celles de l'homme pratique, habile observateur, travaillant sur

les données de ses devanciers. L'équitation qu'il pro-
fessa fut raisonnée et naturelle, et c'est avec raison,
qu'on appelle M. de La Guérinière, le « père de l'équitation actuelle ».

M. de la Guérinière mourut à Paris le 2 juillet 1751.

L'ÉCOLE DE VERSAILLES

CHAPITRE IV

L'ÉCOLE DE VERSAILLES

Le Vicomte d'Abzac.

Après La Guérinière, il n'y avait plus qu'à confier à
un comité d'écuyers le soin d'en conserver la méthode,
d'en élaguer ce qui était superflu et d'y ajouter, avec
la plus grande circonspection, les innovations inutiles
qui pourraient se produire. Malheureusement, on ne
songea pas à cela ; chacun interpréta à sa guise les préceptes du maître ; ce fut à qui, parmi les écuyers qui
se succédèrent, produirait des méthodes soi-disant
nouvelles, compliquerait les difficultés en discutant
ceci, transformant cela, ajoutant sans cesse des procédés d'une efficacité plus ou moins démontrée. Ils
prétendirent appuyer leurs systèmes sur des sciences
qu'ils ne possédaient eux-mêmes, cela va sans dire,
que très imparfaitement, et dont les théories, d'ailleurs, ne peuvent trouver leur application exacte
dans la pratique de l'équitation ; et c'est ainsi qu'ils
s'égarèrent de plus en plus, sous prétexte de progrès.

Jusqu'à la Révolution, l'Académie de Versailles fut universellement reconnue pour la meilleure du monde. C'est là que, depuis le commencement du règne de Louis XIV, les rois et tous les princes de France firent leur éducation équestre, là que furent le mieux conservés les préceptes de La Guérinière, et que l'on accueillit plus tard, dans une juste mesure, les modifications que rendaient nécessaires la transformation des chevaux et la plus grande rapidité des allures. L'enseignement de Versailles rayonnait non seulement sur toute la France, mais encore sur toute l'Europe; et ce, grâce à François de Garsault, Louis Cazeau de Nestier, Brunet de Neuilly, le marquis de Le Bigne et autres écuyers remarquables qui, depuis sa création, avaient été chargés de la direction de ce manège.

Ce fut le vicomte d'Abzac qui, étant à la tête de l'Académie de Versailles, interpréta le mieux les préceptes de M. de La Guérinière, qu'il dégagea de toutes les superfluités, de toutes les inutilités en vogue du temps de Pluvinel, et que La Guérinière avait encore trop conservées, bien qu'il les eut cependant modifiées. Il voulait une équitation moins restreinte et moins assise; il pressentait déjà le changement qui devait un jour s'opérer dans cet art.

L'introduction en France des chevaux anglais, montés par les grands seigneurs aux chasses royales, les courses, l'organisation plus large de notre cavalerie commençaient à faire comprendre la nécessité de pré-

parer les chevaux à marcher à des allures plus franches. Le talent de l'écuyer ne consistait plus alors
seulement à faire parader, à fatiguer inutilement un
cheval pour obtenir des airs relevés, mais bien à calculer ses forces, à le ménager et à régulariser ses
allures. On ne conservait du tride que ce qu'il en
fallait pour donner au cheval de l'élasticité et du
mouvement; on ne l'assouplissait que pour le rendre
liant et le soumettre à la volonté du cavalier.

A côté des deux frères d'Abzac marchaient les
écuyers militaires, tels que de Bohan, d'Auvergne,
Mottin de la Balme, Melfort. Ces hommes sentaient
peut-être plus encore la nécessité des modifications;
leur équitation devait s'adresser à l'instruction de
nos troupes à cheval.

Les bases fondamentales de l'équitation pratiquée
à l'École de Versailles, à cette époque, résidaient
principalement dans une excessive finesse d'aides,
un tact et un sentiment particuliers. Les effets de
force et de violence étaient sévèrement proscrits.
L'écuyer et le cheval semblaient se mouvoir en vertu
d'un accord si parfait, qu'aucun signe extérieur ne
venait en trahir le secret, aux yeux de l'observateur.
A cette époque, on eût ri de cette manière brutale où
l'éperon ne quitte pas le flanc, où le cavalier se livre
à des renversements de corps, le tout pour arracher
un travail saccadé, violent, ou un de ces mouvements
bizarres et anti-naturels qui, appartenant au dressage
des chiens savants ou rentrant dans la mécanique, ne

sont point du véritable domaine de l'équitation; au point de vue de l'art, c'est de l'hérésie.

La position du cavalier était aisée, élégante, correcte à la fois, exempte de raideur et de désinvolture. Le cheval était équilibré naturellement, assoupli, léger, *goûtant son mors*. Il en résultait un travail fin, délicat, gracieux et très agréable à regarder. Une légère pesée de l'assiette, une imperceptible pression du genou, un insaisissable doigté de la main, suffisaient au cavalier pour communiquer sa volonté à sa monture. L'animal semblait obéir à sa propre impulsion, bien plus qu'à une indication quelconque, et se plaisait sous cette domination dissimulée. Il acceptait, sans révolte, cette « main de fer enveloppée d'un gant de velours » et travaillait gaiement avec tout l'entrain de sa nature, *puissant dans sa hanche et galant dans sa bouche*, suivant une expression de l'époque.

Il faudrait un volume pour rendre, dans toute leur expressive signification, ces idéales définitions d'un cheval de selle en état de donner à son habile cavalier toutes les jouissances qu'il est en droit d'en attendre. Car, ne vous y trompez pas, l'équitation est une jouissance morale, jouissance morale et physique, si étrange que cela puisse paraître à beaucoup de gens. Assurément, pour la ressentir, il faut certaines aptitudes et surtout avoir la passion du cheval; mais il est comme cela de tout en ce monde. Quand on est doué des unes et possédé de l'autre, c'est une source intarrissable d'études et de plaisirs,

bien plus, de voluptés. On recommence tous les jours
et on ne se lasse jamais, soit qu'enfermé dans un manège l'on cherche, par la savante décomopsition des
mouvements de l'animal, l'harmonieuse cadence de ses
« airs » les plus relevés, soit qu'en plein soleil l'on se
prenne à écouter, résonnant sous soi, le branle préci-
pité du galop de l'un de ces admirables chevaux de pur
sang qui, s'en allant à travers champs, le cou tendu, la
tête allongée, les naseaux ouverts, rasent le sol dans
une merveilleuse vitesse ! Ce sont là les deux extrè-
mes ; mais chacun d'eux a sa poésie, son charme, sa
volupté ! Chagrins, inquiétudes, ennuis, mauvais souvenirs, vous laissez tout derrière vous et vous êtes
emporté sur les ailes du vent jusqu'au domaine en-
chanté du pays des rêves, où se retrouvent les bon-
heurs évanouis ! C'est, à notre avis, une des suprèmes
jouissances données par Dieu à l'homme ; bien peu
d'autres laissent moins de regrets après elles et se
renouvellent aussi facilement.

Pour en revenir à l'École de Versailles, un cheval,
dressé avec une aussi exquise finesse, devenait —
cela va sans dire — un instrument de précision,
même tellement bien ajusté, que si, d'aventure, un
cavalier téméraire ou ignorant voulait en jouer, ah ! ça
n'allait pas tout seul ! Inquiet d'abord, puis désorienté,
l'animal s'irritait bientôt contre la main brutale, les
jambes incertaines, l'assiette indécise, et, d'ordinaire,
il finissait par envoyer l'imprudent par dessus ses
oreilles, ayant l'air de lui dire : « Va t'en apprendre

ton métier! moi, je sais le mien! » A qui pouvait-on
donner tort? à l'homme, sans aucun doute. Pour
savoir, il faut apprendre; pour apprendre, il faut étudier (1). En toute chose, n'est-ce pas la règle inflexible?
Pourquoi en excepter l'équitation, qui, après tout, est
une science comme une autre.

Malheureusement, quand la Révolution arriva, cette
belle équitation devait, avec tous les arts, qui étaient
atteints du même coup, avoir le plus à souffrir. Versailles, soutenu par la munificence royale, disparut
avec la royauté. Les autres écoles tombèrent également, et tous nos écuyers s'exilèrent ou trouvèrent un
refuge dans les camps.

La Convention s'aperçut bientôt de la perturbation
que causait cette disparition de tout enseignement
équestre. Elle voulut, avant de disparaître, rétablir
les institutions reconnues indispensables, mais elle
n'eut pas le temps d'achever sa tâche. Le Directoire,
fort heureusement, la continua, et, décida la création d'une école d'équitation. Versailles fut de nouveau destiné à faire l'instruction de nos troupes à
cheval. Ce n'était plus le manège académique des
temps passés, chargé de conserver les vieilles traditions en développant le progrès. L'équitation rationnelle, logique, fine, élégante, artistique, avait disparu;
il ne s'agissait plus alors que de former à la hâte des
instructeurs pour nos régiments.

(1) Le Baron d'Étreillis. — Écuyers et Cavaliers.

LOUIS CAZEAU DE NESTIER

6

Ce n'est qu'à la Restauration que Versailles fut rendue à son ancienne destination, et les deux d'Abzac, dépositaires de nos vieilles et saines traditions équestres, reprirent la direction du manège du roi.

Mais ce n'était plus cela. La transition qu'avait fait naître l'équitation militaire éloigna la jeunesse d'alors de l'École de Versailles, où on attachait avec raison une excessive importance à la régularité de la position du cavalier. C'était la base première de l'enseignement, et cela se comprend aisément. On ne voulait plus de ce genre d'équitation : on copiait tout ce qui était militaire. Les officiers ayant contracté l'habitude de mener leurs chevaux les rênes flottantes, tous les jeunes gens trouvèrent de bon ton d'avoir à cheval les jambes en avant outre mesure et de mener les chevaux à l'abandon.

Quand les masses font mal, le respect humain commande de les imiter dans la crainte d'être ridicule en faisant bien. La mode adoptant en même temps l'équipement anglais, ceux qui sur les selles anglaises pouvaient plus facilement prendre cette posture ridicule, incommode et contraire à toute espèce de principes, prétendaient monter à l'anglaise, et, comme il était de très bon ton encore de copier tout ce que l'on croyait anglais, cette équitation très peu anglaise, prévalut pendant toute la Restauration. On comprend du reste combien le manège de Versailles offrait peu d'attraits à cette jeunesse qui aurait

dù sè soumettre à un long et pénible apprentissage.
On attachait avec raison une excessive importance
à la régularité de la position du cavalier. C'était la
base première de l'enseignement, et cela se comprend aisément. On ne lui passait rien : c'était le
seul moyen de faire non seulement un écuyer, mais
encore un cavalier.

C'est présisément cette étude de tous les jours que
les jeunes gens de famille, aptes à devenir écuyers,
ne voulaient pas pratiquer. On n'avait plus le désir
d'apprendre, ce qui explique comment la jeunesse
d'alors n'a su profiter des avantages qui s'offraient à
elle pour s'instruire.

Le tort de la Restauration, sans nul douté, après
avoir fait les frais d'une aussi grande organisation,
est de n'avoir pas formé à Versailles une pépinière
de sujets étrangers au service des Écuries, pouvant,
une fois leur éducation achevée aller porter ailleurs
les pricipes reçus. Cette organisation aurait certainement donné une impulsion salutaire à la science
équestre, dont aurait profité le manège du Roi, qui,
pendant les six premières années de sa réorganisation malgré un matériel considérable des chevaux,
capable de former plus de cent personnes, avait simplement pour élèves les gens du service des Écuries,
destinés à être un jour piqueurs ou sous-piqueurs,
quelques jeunes gens de famille et un très petit
nombre d'élèves privilégiés apprenant pour eux, mais
non pour transmettre aux autres.

Et cependant, l'École de Versailles, dont on ne saurait trop vanter les principes de finesse, de tact, de prudence, de décision, de justesse, était supérieure à toutes les autres écoles.

Aucune ne pouvait lui être opposée pour le dressage qu'elle obtenait par le temps et la patience, il est vrai, mais sans user les chevaux, tandis que, dans tout le reste de l'Europe, on cite quelques hommes seulement possédant ce précieux talent.

L'École de Versailles pouvait rendre d'immenses services, mais, réorganisée à une époque d'indifférence, elle fut méconnue par ceux-là mêmes ayant le plus d'intérêt à la consulter.

Sa réforme arrivée en 1830, dispersant le peu d'hommes qui restaient encore, fit perdre le souvenir des bonnes et saines traditions. L'art en avait été banni du reste par Napoléon, lorsqu'il signa, le 8 mars 1809, le décret qui créait, dans la ville de Saint-Germain, une école de cavalerie (1), destinée à remplacer l'académie équestre de Versailles.

A l'équitation de Versailles succéda une équitation toute de vigueur et d'énergie, peu savante sans doute, mais en rapport avec les goûts de l'époque. Les tournois et les carrousels, où les chevaux venaient parader dans les allures trides et raccourcies, furent remplacées par les courses, la chasse, en un mot ce que l'on appelait déjà alors l'équitation large.

---

(1) Baron de Vaux. — *Les Écoles de Cavalerie.*

C'est à cette équitation toute naturelle, toute de courage, que nous devons l'équitation en vogue aujourd'hui. Si cette équitation — car l'équitation a marché avec les événements — avait été régularisée par des principes, on aurait pu dire à bon droit qu'après tout, cette équitation valait bien l'autre, puisqu'elle vous apprenait à se servir largement d'un cheval par tout pays, ce qui vaut beaucoup mieux que d'acquérir un semblant de science, avec lequel on ne marche pas du tout.

L'Académie de Versailles, par sa science fine et délicate, représentait fidèlement le bon goût et le sentiment artistique si développés chez la société de cette époque, précédant la Révolution, société qui, en tout, servait de modèle à celle de l'Europe. Mais tant d'événements se sont accomplis depuis, que grandes traditions et beaux usages sont passés comme passent toutes choses en ce monde, obéissant en cela à cette loi fatale qui défend à une spécialité quelconque de rester fixe et immuable. L'équitation savante de ce temps, déjà bien loin de nous, ne pouvait faire exception. Quand bien même elle eut survécu à ce naufrage général, son sort, forcément eut été celui qu'elle a, c'est-à-dire de ne plus être pratiquée que par les « dilettanti », tant elle s'écarte de nos habitudes, de notre manière de voir et de faire.

Et cependant, tous ceux qui ont pratiqué l'équitation savante seront de mon avis, qu'une fois sous le

charme de cette équitation on ne pense plus guère à
aller faire des fonds de train au Bois sur des chevaux qui ne supportent pas l'action des jambes et
résistent plus ou moins à celle de la main. Sans doute,
pour un homme qui n'a pratiqué le dehors que sur
ce genre de chevaux, et ne connaît pas le plaisir qu'on
éprouve à monter un cheval rendu calme, attentif,
dont les allures se règlent facilement, et qui répond
au moindre effet des rênes; sans doute, dis-je, les
difficultés inhérentes à une certaine lutte peuvent
avoir de l'attrait; d'autant plus qu'il s'y joint la satisfaction de prouver que l'on sait se *tirer* d'un cheval
difficile. Mais encore une fois, il faut pour cela
n'avoir jamais fait avec suite de l'équitation méthodique.

On a donc le plus grand tort de considérer la
haute-école comme une absolue superfluité. Chacun
de ses « airs » ou mouvements du cheval n'est, après
tout, que la reproduction, coquettement exagérée
mais exacte, d'une position ou d'une allure dont
on a besoin dans la pratique ordinaire en équitation.

On aurait donc le plus grand tort de croire le manège exclusif des grandes allures et son enseignement nul sous ce rapport. Grande erreur! Pour bonne
et valable réfutation nous citerons les noms des plus
célèbres gentlemens riders de notre époque; ceux
qui n'ont jamais été surpassés ni même égalés : vicomte de Lauriston, comte de Vaublanc, capitaine

Allouard, de la Mothe, vicomte de Montécot, Arthur
Talon, de Saint-Germain, comte d'Evry, Mackenzie-
Grieves, duc de Grammont, comte de Cossette, marquis de la Bigne, etc., tous avaient commencé leur
éducation au manège, cela ne les a pas empêchés
de monter en course avec une réelle supériorité et
dans un style parfait.

LE VICOMTE D'ABZAC

L'ÉQUITATION DE DEHORS

CHAPITRE V

L'ÉQUITATION DE DEHORS

Le Comte d'Aure.

Par un hasard assez étrange, l'écuyer qui a personnifié, pour nos contemporains, les derniers vestiges des principes de l'École de Versailles, se trouve précisément celui qui s'en est le plus écarté et le moins fait pour les représenter : nous voulons parler du comte d'Aure.

Le comte d'Aure, quoi qu'on puisse dire, a été un véritable et grand écuyer, et laissera une trace sérieuse dans l'histoire de l'équitation ; et s'il s'est laissé entraîner à abuser quelquefois de sa puissance à cheval, si on peut lui reprocher quelques performances un peu risquées, ces performances avaient même leur utilité, quand on veut bien se rendre compte du but qu'il voulait atteindre et des circonstances dans lesquelles ils se trouvait.

Quoiqu'élevé dans les anciennes traditions, le comte d'Aure avait compris, qu'au point de vue de la pratique nouvelle, ces traditions devaient être modifiées ; ou peut même dire que non seulement il avait senti la nécessité de ces modifications, mais encore dans quel sens elles devaient avoir lieu. Ainsi, avant même la chûte du manége de Versailles, il entrevoyait déjà le but qu'il fallait atteindre ; aussi se préparait-il à être le représentant autorisé des nouveaux principes, qui selon lui, devaient servir de bases à l'équitation du dehors, dans son ensemble, et à en régulariser en quelque sorte l'enseignement.

Le dernier écuyer en chef de Versailles, il faut bien qu'on finisse par le comprendre, a eu, en définitive, une idée mère très pratique, dont il a poursuivi la réalisation autant que les entrainements du milieu où il a été jeté par les événements et son caractère le comportaient. M. d'Aure avait senti qu'il fallait mettre les anciennes traditions équestres en harmonie avec les exigences modernes, et de plus, il a cru qu'il était nécessaire de prouver, que l'ancien écuyer cavalcadour de LL. MM. Louis XVIII et Charles X, le brillant représentant de l'école fançaise, pouvait se mettre avec aisance sur le premier cheval venu, et faire mieux que ceux qui n'avaient que l'habitude et un peu d'à-propos. Car, en réalité, après la chute du manége de Versailles qu'eut été M. d'Aure, s'il n'avait pu démontrer à tous ces grands amateurs, qui ne s'occupaient que d'équitation de dehors, qu'on pou-

vait leur apprendre autre chose que d'exécuter brillamment une reprise de manège, sur des chevaux
routinés à ce travail?

Ce n'est cependant pas comme théoricien que ce
grand improvisateur équestre laissera les souvenirs
les plus durables, c'est comme praticien hors ligne;
car il a eu, en effet, des titres incontestables à l'admiration du monde équestre de son temps, auquel il
s'est imposé, on peut dire, par son tact et sa puissance à cheval. Et cela lui était d'autant plus nécessaire, qu'il avait également compris qu'avec les trans-
formations qui s'étaient opérées dans la pratique de
l'équitation, il fallait, pour rester un maître aux yeux
de ceux qui avaient acquis, et en dehors des écoles
et par habitude, un grand savoir faire, joindre à un
grand sentiment équestre une grande puissance d'action, être au besoin improvisateur et ne reculer
devant aucune difficulté.

Du reste, il s'était admirablement préparé pour le
rôle qu'il voulait remplir : écuyer brillant, ayant au
suprême degré ce tact et cet à-propos que donne la
pratique de l'équitation savante, il avait su conquérir,
par son énergie et par sa persévérance, une tenue et
une aisance admirables à cheval, qui lui permettaient
de se jouer de difficultés que ne pouvaient vaincre
même d'habiles cavaliers. Et, de plus, il était resté en
mesure de monter magistralement un cheval d'école
dressé par un écuyer de talent, et d'en tirer, à première
vue, un parti dont ce dernier était souvent surpris.

Qui n'a entendu parler, en effet, des performances
du comte d'Aure ? Ne l'a-t-on pas vu, dans certaines
circonstances, monter sans préparation des étalons de
pur sang n'ayant pas été pratiqués depuis longtemps
et en obtenir des choses qui surprenaient les specta-
teurs ? Aussi, on peut affirmer que, dans ces derniers
temps, M. d'Aure est l'homme qui a fait le plus d'honneur à l'équitation française et que s'il eut fallu
qu'elle fût représentée en Europe, dans un tournoi
équestre, tous ceux qui ont pu apprécier son talent
d'improvisateur l'eussent désigné pour remplir ce
rôle.

Malgré tout, un écuyer de cette valeur n'eut pas
laissé une trace lumineuse dans l'enseignement de
son art, s'il n'eut été simplement qu'un magnifique
acteur, remplissant de son prestigieux talent la scène
où il s'est illustré, tout serait, pour ainsi dire, mort
avec lui ; et s'il fut resté grand pour la génération qui
l'a connu, celle qui la suit l'eut bien vite oublié ; et
les célébrités du jour, qui sont plus ou moins loin de
pouvoir être placées à la même hauteur que lui, occu-
peraient seuls l'attention du monde équestre. Mais
M. d'Aure n'est pas de ceux que cette génération
puisse laisser dans l'oubli, car pour les cavaliers qui
veulent aller au fond des choses, il a sa grande part
dans les progrès qui se sont déjà accomplis, et qu'a-
mènera encore la pratique de plus en plus raisonnée
de l'équitation. Ainsi, sans être ce qu'on peut appeler
un théoricien méthodique, et malgré même ce qu'il

peut y avoir de contestable surtout dans les débuts
de son enseignement, on ne peut méconnaître que
c'est lui qui a le mieux pressenti les exigences
équestres du présent.

M. d'Aure a laissé des pages empreintes d'un sentiment équestre remarquable, mais encore remplies du
souffle inspirateur qu'ont toujours eu les grands pra-
ticiens, je n'en veux pour preuve que ce qu'il a écrit
à propos du jeune cheval.

Mais, avant tout, qu'on me permette d'ouvrir une
parenthèse, pour en finir une bonne fois avec les
théoriciens qui n'ont jamais compris, qu'en réalité,
on n'apprend pas l'équitation dans les livres, pas plus
que les armes dans une théorie plus ou moins bien
faite sur la matière. Ainsi n'est-il pas évident, qu'on
ne devient cavalier, écuyer, qu'en pratiquant beaucoup et sous une excellente direction. Ensuite les
difficultés de la pratique sont telles, et nous
sommes ainsi faits, que lorsque le maître ne peut pas
prêcher d'exemple, c'est-à-dire exécuter facilement ce
qu'il exige de l'élève, ce dernier est toujours disposé
à croire que la chose est très difficile, pour ne pas dire
impossible. Cela est d'autant plus vrai en équitation,
qu'il faut, pour devenir vraiment cavalier, être doué
d'une certaine confiance, et avoir un peu de hardiesse;
et on ne peut vraiment admettre qu'un homme
timide à l'excès puisse jamais faire un écuyer. D'un
autre côté, ne sait-on pas que, dans tous les arts, et
surtout dans l'art équestre, ce sont les maîtres les plus

habiles dans l'exécution qui ont toujours fait les meilleurs élèves? Or, la grande supériorité de M. d'Aure, c'est qu'il était toujours prêt à payer de sa personne, soit qu'il s'agît d'un mouvement à exécuter ou bien d'une difficulté de tenue. Voyez, disait-il, une fois la chose faite avec aisance, ce n'est pas plus difficile que cela! Grand et puissant moyen d'enseignement dans un art, je le répète, qui demande surtout du tact et de *l'osé*. Oh! quoi qu'en disent ses détracteurs passionnés, M. d'Aure était un véritable maître, et j'ajouterai même que sa supériorité était telle, qu'elle paraissait souvent empreinte d'un bonhomie dédaigneuse.

J'en reviens à mon sujet. Voici ce que l'on trouve dans le chapitre dont il vient d'être question : « Les « bons et longs services d'un cheval dépendent tou- « jours de la manière dont il a commencé. Il ne s'agit « pas, sur un poulain, de se hâter d'exiger un travail « servant à faire valoir l'adresse et faire ressortir la « promptitude avec laquelle le cavalier peut le sou- « mettre à ses exigences ; il faut, au contraire, user « de patience pour donner à l'animal le temps de se « développer ; avoir enfin le discernement de juger « ce qu'il est en état de donner. »

Peut-on dire quelque chose de plus correct et de plus méthodique? Et cette simplicité d'expression qui a l'avantage de faire mieux comprendre l'idée, ne vaut-elle pas mieux cent fois que la recherche, la prétention scientifique de certains faiseurs de théorie.

LE COMTE D'AURE

Plus loin, comme tous les anciens écuyers et avec
beaucoup de raison, il préconise l'emploi de la longe
et du caveçon, mais ce qu'il recommande surtout,
c'est de bien familiariser le jeune cheval avec ces
instruments, et de le rendre docile et confiant avant
d'essayer de le monter. C'est à ce propos qu'il dit :
« Quand l'animal sera maintenu par le caveçon,
« l'homme qui tiendra la longe le caressera pour le
« mettre en confiance ; le cavalier l'abordera avec
« précaution, le montera et le descendra plusieurs
« fois, et restera dessus quand il ne témoignera
« aucune crainte, etc., etc. » Et il ajoute : « Ce tra-
« vail de la longe se suivra jusqu'à ce qu'ayant
« acquis assez de confiance et de connaissance des
« aides de la main, le cheval puisse être mis en
« liberté. »

Puis il formule cette sage prescription : « Quand
« l'animal sera libre, on lui fera suivre le même tra-
« vail dont il avait l'habitude, étant tenu à la longe.
« Marchant sur un terrain et suivant un travail
« connu, il obéira ordinairement sans résistance ; le
« cavalier aura alors plus de facilité à l'amener à la
« connaissance des aides. Une fois qu'il sera fami-
« liarisé avec ces dernières on pourra l'exercer dehors,
« afin de l'habituer à la vue des objets. Il est très
« bon dans ces promenades de se faire accompagner
« d'un vieux cheval ; celui-ci lui sert de guide et
« l'engage (sic) souvent à passer devant les objets
« qui auraient pu l'effrayer, s'il eut été seul. Étant

« ainsi guidé, il prend naturellement l'envie de se
« porter en avant, *et recherche de lui-même cet appui*
« *sur la main absolument nécessaire à donner aux*
« *chevaux pour arriver à les mener avec justesse et*
« *précision.* »

N'est-ce pas vraiment ici avec la simplicité d'un
vieux praticien que parle le noble et brillant écuyer
de Versailles ? Et cependant M. d'Aure était encore
jeune quand il écrivait ces lignes un peu incorrectes,
mais qui, en définitive, ne présentent guère les tendances d'un casse-cou brutal et hardi comme certains
écrivains hippiques veulent nous le dépeindre. C'est
dans les dernières lignes de ces citations que se
révèle l'idée mère du comte d'Aure, sa visée pratique, si l'on peut s'exprimer ainsi ; ou plutôt la
raison d'être de son enseignement, laquelle ne me
paraît pas avoir été bien comprise jusqu'à présent.
Cette idée, qu'on ne s'y trompe pas, est la base de
tout un système opposé à celui de son célèbre antagoniste. Et ce qui, du reste, est encore plus caracté-
ristique, c'est ce que le dernier écuyer de Versailles
dit plus haut, dans son chapitre intitulé : *Des causes*
qui produisent les défenses ; là, où après avoir recommandé d'arriver surtout à ce que le cheval soit *bien*
franc devant lui, et bien fixé dans la main, il ajoute :
« Je ne puis mieux comparer la situation du cheval
« ainsi dirigé par l'homme, qu'à celle de l'aveugle
« conduit par son chien ; tant que la corde est
« tendue et qu'il sent son guide, l'aveugle marche

« avec confiance ; si la tension cesse, l'incertitude
« arrive. »

Cette originale comparaison caractérise complètement ce qu'on peut appeler le système de M. d'Aure,
et donne la clef de la modification qu'il voulait
apporter, je ne dirai pas aux anciens principes, car
l'appui ferme et léger est recommandé même par
M. de la Guérinière, mais à un enseignement qui,
visant surtout à faire un cheval souple et maniable,
tendait trop à ce qu'il fût plus ou moins assis, puisqu'il avait principalement en vue son maniement dans
un petit espace. En un mot, M. d'Aure voulait principalement mettre en harmonie certaines traditions
équestres trop exclusives, avec les exigences nouvelles qui surgissaient ; exigences, il faut lui rendre
cette justice, qu'il avait parfaitement comprises.

C'est bien avant la chute du manège de Versailles,
que le comte d'Aure avait parfaitement compris que
les errements de l'ancienne équitation, ceux de de
La Guérinière, de d'Abzac ne faisaient pas assez la
part des nouvelles habitudes équestres, ne parais-
saient pas assez en comprendre les exigences. En fait,
on ne semblait plus vouloir attacher d'importance au
travail de manège, à monter des chevaux souples et
pouvant travailler dans un espace restreint. Il s'agissait à l'instar des Anglais, d'aller dehors aux grandes
allures ; la chasse, les courses, etc., etc. ; telle était
l'équitation nouvelle. Dans tous les cas, ce qu'on exigeait, c'était d'aller droit devant eux dans des allures

très franches et de donner à volonté à ces allures, leur maximum de train. C'est au moins ce que les grands amateurs de chevaux, les sportsmen cherchaient à obtenir de leur monture.

Guidé par un sentiment extraordinaire et une pratique très largement comprise, M. d'Aure, il faut le reconnaître, a posé deux principes, dont il a peut-être exagéré la portée, mais qui, appliqués avec méthode, doivent rester les bases de l'équitation usuelle. Le premier, c'est que la base de toute équitation usuelle est d'obtenir une impulsion très franche au début du dressage; le second, c'est que la position de la tête et celle de l'encolure doivent être en raison de la vitesse de l'allure; de même que selon lui, cet appui sur la main ferme et léger que préconisaient les anciens, doit augmenter en raison directe de l'impulsion exigée. Mais, à ce propos, on ne peut pas être absolument de l'avis du célèbre cavalier.

Ce qui revient évidemment à dire que l'animal qui aura été exercé continuellement dans un équilibre plus ou moins artificiel, dans des allures nécessitant une grande légèreté à la main, et conséquemment qui n'a pas l'habitude de supporter la moindre tension de rênes, est au contraire toujours disposé à contracter les fléchisseurs de sa croupe et de son encolure, à la plus légère opposition de mains et de jambes, à revenir sur lui, en un mot. Or, ce cheval, je le répète, n'entrera pas aussi facilement et ne se maintiendra pas aussi franchement dans les allures

vives que le premier, et n'aura jamais, à beaucoup près, une impulsion aussi énergique et aussi
soutenue.

C'est ce que M. le comte d'Aure avait compris tout
d'abord, et cependant, il devait être tout naturellement imbu des anciennes traditions, car il a été
regardé à juste titre, et de bonne heure, comme un
maître dans l'art de faire *parader* un cheval, selon une
de ses expressions. Mais sa clairvoyance instinctive
ne l'avait pas trompé, et bien avant même d'être
premier écuyer au manége de Versailles, il sentait
déjà qu'il fallait faire la part des exigences de l'époque,
si l'on voulait rester un maître écouté. Aussi, n'a-t-il
indiqué le rassembler que comme le moyen d'arriver
à *posséder* complétement son cheval ; rassembler qu'il
comprenait, du reste, à la manière des anciens écuyers,
et qui n'a, en réalité, aucun rapport avec celui qu'a
indiqué et pratiqué M. Baucher ; mais ceci n'est pas
encore en question.

En dernière analyse, le brillant écuyer de Versailles
voulait avant tout qu'on fît des chevaux *perçants*, pour
parler son langage, et prenant aisément les grandes
allures ; or, comme il savait mieux que personne que
la tendance naturelle du cavalier est de chercher à
rester en communication avec la bouche de l'animal,
au moyen des rênes, il a cru devoir, pour deux motifs,
recommander de pousser les chevaux en avant, et de
les habituer à se fixer sur le mors. Mais il est évident
que, dans sa pensée, il ne faut en aucune façon que

la tension naturelle de l'encolure favorise la résistance que le cheval peut opposer aux effets de la
main ; soit, comme le dit M. Baucher, que cette résistance provienne d'un excès de poids résultant d'un
mauvais équilibre, ou simplement d'une contraction
locale s'opposant à l'action naturelle du mors. Ainsi,
qu'on ne s'y trompe pas, la tension de l'encolure qui
amène non pas une résistance sur la main, mais qui
permet un point d'appui en rapport avec la vitesse
de l'allure, ou plutôt en rapport avec la contraction
générale nécessaire au mouvement, a doublement sa
raison d'être : elle maintient la franchise de cette
allure, et rend plus facile le rôle de la main. Dans ce
cas, il doit rester bien entendu, que, pour ralentir ou
arrêter, il faut que la main agisse en élévation, au lieu
qu'avec la légèreté complète de la mâchoire et de
l'encolure, il n'y a qu'à la rapprocher du corps. Mais
alors, à moins que le cheval n'aille, en quelque sorte,
au-devant de l'intention du cavalier, il devient nécessaire que les jambes agissent, pour amener une flexion
correspondante de l'arrière-train ; qu'on ne l'oublie
pas.

Qu'on me permette de répéter encore, car on ne
saurait trop insister sur ce sujet, qu'il y a deux raisons majeures pour que le cavalier se préoccupe,
avant tout, d'avoir une impulsion très franche à
volonté, et une certaine tension d'encolure, se mani-
festant par cet appui que doit percevoir à volonté la
main quand elle agit sur les rênes sans chercher à

ralentir l'allure. La première raison, c'est que le jeune
cheval est disposé, le plus souvent, à revenir sur lui,
en prenant tout naturellement son point d'appui sur
le devant, et que, s'il est bien franc sur l'action des
jambes, le cavalier a tous les moyens d'action pour
paralyser ce mouvement, à moins que l'animal ne
subisse une action morale trop dominante. La seconde,
c'est que l'animal, qui est toujours disposé à se porter en avant, supporte mieux les fautes de la main,
est plus employable pour le commun des martyrs. Et
cela se comprend d'autant plus, qu'encore une fois
nos moyens d'action pour arrêter ou diriger sont
plus directs, plus puissants que ceux dont nous pouvons le mieux nous servir pour impulsionner.

Quoiqu'il en soit, au point de vue de la pratique
ordinaire, les principes posés par le dernier écuyer
de Versailles ont une raison d'être, et, il ne faut pas
craindre de le dire, doivent guider dans une certaine
mesure tout homme qui s'occupe simplement d'équitation usuelle. La seule erreur du célèbre improvisateur, c'est d'avoir voulu appliquer ces principes à
l'équitation savante, et, conséquemment, d'avoir méconnu la véritable exigence du rassembler correct,
c'est-à-dire de ce rassembler dont la condition première est l'absence de toute espèce de tension de
l'encolure, car cette tension entraîne forcément une
contraction anormale de l'arrière-main, résultat d'une
surcharge gênante, et nuisant à la fois à sa flexion et
à son rapprochement naturel.

Le comte d'Aure était l'ennemi né de l'équitation savante, et sa doctrine pouvait se résumer en ceci : « En avant ! toujours en avant, et encore en avant ! » Aussi simplifiait-il ses leçons autant que possible. D'ordinaire, elles se bornaient à des « doublés », des changements et des contre-changements de main aux trois allures, et parfois seulement pour ses élèves les plus forts — à un travail sur deux pistes, très simple et très large.

Cet enseignement vigoureux, pratique, suffisait amplement aux besoins de notre époque et l'on peut dire à bon droit qu'à l'école de M. d'Aure on apprenait à se servir largement d'un cheval par tous pays, ce qui vaut mieux que d'acquérir un semblant de science avec lequel on ne marche pas du tout.

Ce que l'on peut aussi ne pas approuver, c'est que M. d'Aure, dans ses derniers écrits, a toujours eu trop en vue la critique des moyens d'action de Baucher. Néanmoins, il faut convenir que, dans certains moments, son sentiment exquis des nécessités de l'équitation usuelle lui a fait dire, malgré tout, des choses qui sont bien près de la vérité. Comme celles-ci par exemple :

La véritable équitation consiste à savoir commander aux forces et non à les détruire. En détruisant, on va plus vite peut-être pour ralentir et rassembler un cheval; mais aussi ne doit-on plus les trouver quand elles peuvent devenir nécessaires, dans un travail qui tend à développer les allures du cheval et le portant sur les épaules.

Évidemment, le puissant cavalier fait ici allusion à l'affaiblissement de cette force d'impulsion qui nécessite une énergique contraction de tous les extenseurs.

C'est peut-être aussi le moment d'avouer que le comte d'Aure a partagé quelques-unes des erreurs de ses devanciers, et même d'ajouter qu'il a professé dans ses premiers écrits certaines doctrines laissées ensuite dans l'ombre ou même désavouées plus tard. Mais cela ne peut faire oublier les grands services qu'a rendus à l'équitation cet admirable centaure à côté duquel semblaient s'effacer toutes les supériorités équestres. Aussi le souvenir d'un tel homme, quelle que soit la façon dont on le juge, doit rester dans la mémoire de tous ceux qui se sont passionnés pour l'art équestre dans ces derniers temps.

L'ÉQUITATION SAVANTE

CHAPITRE VI

L'ÉQUITATION SAVANTE

M. Baucher.

A juste titre on peut dire que l'œuvre de M. Baucher est celle qui a eu le plus de retentissement
dans le monde équestre contemporain; car non seulement ce maître, au point de vue de l'équitation
savante, est l'homme qui a le plus reculé les limites
de son art; mais ses théories, quoiqu'elles aient été

très discutées, surtout au début de son enseignement,
n'en sont pas moins très séduisantes et en partie ba-
sées sur des vérités équestres incontestables qui, dans
tous les cas, serviront de point de départ aux hommes de cheval de l'avenir.

Quant aux moyens d'action qu'il a préconisés, il
est peut-être prématuré aujourd'hui de vouloir en
apprécier toute la portée et surtout d'indiquer ceux
qui passeront définitivement dans la pratique générale. Néanmoins, on est obligé de convenir que la
plus grande partie de ses moyens d'action sont employés avec succès par la plupart des cavaliers qui
se livrent sérieusement à l'étude de l'équitation. Dans
tous les cas, ce qu'on peut affirmer, c'est que les nouveaux principes posés, en dernier lieu, par M. Baucher
pour obtenir ce qu'il a qualifié d'équilibre de premier
genre, — *main sans jambes, jambes sans mains* — paraissent destinés à simplifier les principes de dressage
en ce qui regarde surtout l'emploi ordinaire du cheval.

Seulement à ce sujet, ce dont nous croyons qu'il
faudra toujours tenir compte pour beaucoup de raisons, c'est que tout travail en place doit toujours être
précédé de l'obtention d'une impulsion franche et
énergique à volonté. De même qu'il sera toujours
nécessaire de laisser la position de la tête et de l'encolure se modifier en raison de l'allure exigée. On
doit ajouter aussi que cette tension des rênes que
beaucoup de cavaliers regardent comme la conséquence forcée d'une allure vive, n'implique nulle-

ment une résistance aux effets de la main, on peut très bien admettre en effet que la main suive en quelque sorte la tension de l'encolure, pour donner à l'allure plus de fixité, sans que pour cela des résistances se manifestent quand elle agit pour ralentir ou diriger.

Ce qu'il ne faut pas croire surtout, c'est qu'après avoir eu principalement en vue, pendant longtemps, la concentration des forces de l'animal, Baucher se soit déjugé, en proclamant en dernier lieu cet aphorisme : « Main sans jambes, jambes sans mains », seul moyen d'obtenir, selon lui, l'équilibre du premier genre. Ce serait une erreur; car les bases du célèbre novateur restent les mêmes, puisqu'il s'agit toujours de la recherche de la légèreté et d'un équilibre qui permette de modifier facilement la masse dans tous les sens. Aussi peut-on dire que les différents pratiques que son génie équestre lui a suggérées tendent toutes vers ce but.

C'est ici le moment de dire, que le créateur de la nouvelle méthode d'équitation n'a pas eu de maître, et c'est peut-être à cela qu'il doit l'originalité de ses conceptions. Quant au point de départ de son système, il n'est peut-être pas sans utilité et sans intérêt de le rappeler, quoique la chose soit en elle-même de la plus grande simplicité. Ainsi, dans le temps où M. Baucher professait à Rouen, il avait acheté un double poney normand qui, quoique très doux, présentait au début de son dressage une très forte et passive résistance à l'action du mors.

Or, un jour que le maître le montait comme sujet
d'étude, il s'avisa d'opposer simplement, en place, une
tension de rênes à peu près égale à la force que
l'animal employait pour résister ; et, tout songeur, il
attendit, car il cherchait, pour ainsi dire à tâtons, le
moyen de vaincre ce genre de contraction inerte de
certains muscles de l'encolure et de la mâchoire ; or,
au bout de peu d'instants, l'animal prit, en cédant,
la position du ramener et devint léger à la main.
Bienfaisant — c'était le nom du sujet — avait *rendu*,
comme le dit quelque part M. Baucher.

Dès ce moment, le principe qui sert de base à la
nouvelle école était trouvé : *le ramener donnait la
légèreté, et comme tous les chevaux devaient pouvoir se
ramener, conséquemment devenir légers à la main ; par
cela même, la mobilisation de la masse était rendue
facile dans tous les sens.*

Maintenant, j'oserai ajouter à ce sujet, que ce dont
le grand novateur en équitation n'a pas semblé s'aper-
cevoir, c'est qu'en préconisant, tout d'abord, la légèreté absolue, en la présentant comme la base de son
système, et, surtout, en paraissant vouloir maintenir
dans toutes les allures, par le ramener complet, un
équilibre plus ou moins artificiel ; le cavalier, pour
peu qu'il manque d'un certain tact équestre, arrive
insensiblement à *prendre* plus ou moins sur les tendances impulsives de l'animal.

A ce propos, je ne crains pas de redire encore que,
sans nul doute, le maître avec son sentiment équestre

M. BAUCHER

8

si exquis, savait très bien corriger dans l'application de ses doctrines ce qu'elles avaient de trop absolu ; mais, il faut convenir, ses imitateurs, ses élèves, même parmi les mieux doués, n'ont pas toujours su le faire. Quant à lui, on ne saurait trop l'affirmer, quelles qu'aient été les exigences de l'équilibre artificiel dans lequel il maintenait ses chevaux, les sujets conservaient toujours une grande disposition à s'impulsionner. C'est sans doute ce qui lui a fait croire, que tout ce qu'il obtenait si facilement, d'autres, avec un peu de tact, pouvaient l'obtenir aussi. Il n'a peut-être pas assez compris, qu'en équitation surtout, il faut que les moyens d'action indiqués soient à la portée du plus grand nombre de cavaliers, et que, plus ils sont puissants, plus ils demandent de sentiment équestre et de gradation dans leur emploi. Après tout, *ce n'est pas la méthode Baucher qui est difficile, c'est l'équitation !*

D'un autre côté, que l'on discute ou non la portée des moyens d'action qu'il a préconisés, pendant la plus grande partie de sa carrière équestre, il n'en faut pas moins convenir que c'est avec eux qu'il est parvenu à produire en public vingt-six chevaux, dont la plupart ont eu un travail des plus remarquables, et dont plusieurs ont été montés par des amazones formées généralement en fort peu de temps.

Qui ne se rappelle du reste ces magnifiques sujets de cirque devenus légendaires : *Partisan*, cheval de pur-sang, acheté 500 francs, parce qu'il se défendait, et dont le travail était d'un fini si élégant ; *Capitaine*, *Buridan*, *Neptune*, tous exécutant avec une régularité parfaite des mouvements très compliqués et nous faisant admirer des allures artificielles extraordinaires et variées.

Aussi, même parmi ceux qui contestent la portée pratique de ses premières théories, n'y a-t-il, malgré tout, qu'une voix pour proclamer que Baucher a été le génie incarné de l'équitation savante.

On peut donc croire qu'il y a un certain intérêt à mettre en relief, non seulement l'idée-mère de son système de dressage, mais aussi à faire comprendre, en même temps, pourquoi ses théories et ses premiers moyens d'action ont donné lieu à tant de controverses ; comme ce qui a fait que beaucoup de cavaliers, même parmi les mieux doués, n'ont pas obtenu, en pratiquant sa méthode, les résultats qu'ils étaient en droit d'en attendre. Or, on ne peut vraiment se dissimuler que ces moyens offraient d'assez grandes difficultés pratiques, ou, dans tous les cas, exigeaient dans l'exécution un tact, une gradation dans les agissements, qu'on ne peut toujours rencontrer chez des cavaliers, principalement, quand il s'agit de faire supporter à l'animal les plus fortes attaques sans qu'il sorte de la main, et de concentrer ses forces en place, sans qu'il manifeste la moindre résistance.

Mais, ceci, bien entendu, n'est pas dit en vue de contester la valeur des pratiques du créateur de la nouvelle méthode d'équitation ; d'autant moins qu'il a dit quelque part : *Je ne m'adresse qu'aux hommes versés dans l'art de l'équitation, et qui joignent à une assiette assurée, une assez grande habitude du cheval pour comprendre tout ce qui se rattache à son mécanisme.* (Page 15, 1ʳᵉ édition.) Ensuite, je ne crains pas de le redire, le célèbre écuyer ne pouvait pas se douter de la difficulté d'application de ses puissants moyens d'action, car avec son tact équestre extraordinaire, il évitait sans peine les inconvénients que pouvaient présenter dans la pratique ses ingénieuses théories ; de plus, il est certain, pour moi, qu'il savait à l'occasion, modifier ce qu'elles avaient de trop absolu.

Quoi qu'il en soit, on peut dire que ce sont les difficultés d'application dont je viens de parler, qui ont fait rejeter par certains cavaliers, plus ou moins sous l'influence des anciens principes, les moyens d'action préconisés par le créateur de la nouvelle méthode d'équitation. En outre, ce qui a un peu contribué à faire douter de la valeur et de la portée des théories de M. Baucher, c'est qu'elles ont paru s'appuyer, tout d'abord, sur des données très contestables au point de vue physiologique. Ainsi, M. Baucher a semblé croire que, matériellement parlant, on assouplissait des muscles ; conséquemment, qu'il s'agissait surtout de répéter à satiété les flexions et les autres genres d'assouplissements, sans trop se préoccuper de savoir si le sujet se rendait bien compte de nos exigences. Erreur que le maître ne commettait pas, à coup sûr, car tout prouve qu'il a toujours tenu compte du che-

val moral. N'a-t-il pas dit, en effet, dans son Dictionnaire raisonné d'équitation : *J'ai toujours cru à
l'intelligence du cheval, et c'est sur cette opinion que
j'ai basé ma méthode et tous les principes énoncés dans
cet ouvrage. Grâce à elle, en maitrisant la volonté du
cheval, je suis parvenu à n'exiger de lui que ce qui
avait été saisi par son intelligence.*

Mais, malgré tout, il n'en reste pas moins vrai, que
la manière un peu fautive d'interpréter les théories
du maître dans un sens trop matériel, si je puis m'exprimer ainsi, avait une certaine raison d'être ; car, plus
tard, dans la première édition de la nouvelle méthode,
on trouve des expressions comme celles-ci : *Si j'assouplis les muscles, etc. etc.* (page 9) ; *quand on aura
retiré aux muscles leur raideur, etc, etc.* (page 237).
N'a-t-il pas, du reste, écrit ceci dans un autre endroit :
*Je pense aussi comme les anciens, que toutes les résis-
tances des jeunes chevaux ont, en premier lieu, une
cause physique*, etc. etc. Puis, cette même idée ne se
retrouve-t-elle pas reproduite, de la même façon,
dans les lignes suivantes : *Les chevaux réputés indomp-
tables sont ceux qui déploient le plus d'énergie et de
vigueur quand on a remédié aux inconvénients physiques qui arrêtent l'essor, etc., etc.;* de plus, il parle
souvent *de la raideur produite par les mauvaises con-
formations.* Enfin, dans certains passages de ses
écrits, il semble convaincu qu'il faut d'abord s'occuper du cheval *physique ;* on trouve même, à ce sujet,
des choses assez singulières, ce qui suit, par exem-

ple : *Il faut enchaîner les forces pour prévenir tout dé-*
placement: séparer le cheval physique du cheval moral
et obliger ses impressions à se renfermer dans son cer-
veau. Ce sera alors un fou furieux auquel on aura lié
les quatre membres, pour l'empêcher d'exécuter ses pen-
sées frénétiques. Bien ! mais dans ce cas, que deviendrait cette franchise d'impulsion, cette liberté de
mouvement qui doit accompagner toutes nos exigences ? Du reste, M. Baucher paraît avoir résumé ses
idées, à ce sujet, à la page 12, de la première édition de sa méthode ; or, voici ce qu'on y trouve :
L'éducation du cheval consiste dans l'entière domination
de ses forces; *on ne peut disposer de ses forces qu'en*
annulant ses résistances, et ses résistances ont leur
source dans les vices physiques.

Mais pour imposer ce genre d'exigences à l'animal,
l'action des jambes devenait bien vite insuffisante,
et il en vint, tout naturellement, à l'emploi de l'éperon, en agissant avec une grande gradation, — car
on se servait alors de l'éperon à cinq pointes — pour
en arriver ensuite à des attaques de plus en plus
énergiques, en place, d'abord, puis ensuite en mouvement, au fur et à mesure que la main utilisait au
profit de l'élévation de ce mouvement, l'action de
la détente ; et cela, afin d'arriver à la plus grande
concentration de forces possible, pour me servir du
langage de M. Baucher.

On comprend alors que l'animal, une fois habitué
à se *renfermer* sur les oppositions alternées ou simul-

tanées de la main et des jambes, ne pouvait plus se
soustraire aux moyens d'action de son cavalier :
mais il est évident qu'avec la plupart des chevaux,
dont la construction plus ou moins défectueuse, se
prêtait peu à ce genre d'équilibre, il fallait en arriver,
forcément, à l'emploi de puissantes attaques, et, pour
ne pas amener de désordre, suivre une gradation très
habilement ménagée. C'est à ce sujet qu'un de ses
élèves, auquel il avait fait obtenir, au moyen de l'éperon, des résultats qui l'étonnaient, ne put s'empêcher
de lui dire : *C'est extraordinaire ! c'est admirable ! mais
l'éperon est un rasoir entre les mains d'un singe.* Paroles plus significatives qu'elles n'en ont eu l'air, au
premier abord ; surtout quand il s'agissait d'obtenir,
comme je viens de le dire, une concentration de forces telle, que les extenseurs de l'arrière-main ne
puissent plus agir qu'en élévation. Or, c'est ce qui,
accompagné de la légèreté ou plutôt de la mobilité
de la mâchoire, constituait seul, aux yeux du maître,
le rassembler complet.

Il n'est peut-être pas inutile de mentionner ici, que
beaucoup de cavaliers et même des écuyers, ne me
paraissent pas avoir bien saisi la manière dont M. Baucher comprenait l'emploi de l'éperon, lorsqu'il a dit :
*Oui, c'est avec l'éperon que je modérerai la fougue
des chevaux trop ardents, que je les arrêterai dans leur
élan le plus impétueux.* Et, il le faisait.

Mais, comment le faisait-il ? C'est là une assez
grosse question ! Or, selon moi, il ne s'est jamais

suffisamment expliqué à ce sujet; et, j'ose l'affirmer,
cette simple omission a plus nui qu'on ne le pense
à la propagation de la nouvelle méthode, car elle a
donné lieu à de graves erreurs, au point de vue de la
pratique. J'ajouterai même volontiers, qu'il en a été
ainsi de beaucoup d'autres choses, surtout en ce qui regarde la distinction qu'il faut bien établir entre les oppositions de mains et de jambes simultanées ou alternées.

Sans doute, M. Baucher a dû se rendre parfaitement
compte de ce qu'il faisait, et de la différence profonde qui doit exister dans la manière d'employer
l'éperon, soit comme moyen impulsif, soit quand il
s'agit, au contraire, d'arrêter l'animal le plus court
possible. Il est donc d'autant plus regrettable qu'il
n'ait rien dit là-dessus.

Certainement, il eut épargné à un certain nombre
de ceux qui se sont servis de ses moyens d'action des
tâtonnements malheureux, et, à quelques uns de ses
élèves des recherches difficiles ou des théories hasar-
dives.

Quant à l'éperon qui est un aide et non un moyen
de châtiment, on doit toujours commencer par l'employer en place et avec la gradation indiquée, appui
lent et méthodique sur l'opposition de la main jusqu'à
l'obtention du ramener complet, afin de pouvoir provoquer à volonté l'action des fléchisseurs de la croupe,
sans que cette action soit suivie de celles des extenseurs. Maintenant, lorsqu'il s'agit d'impulsionner
énergiquement l'animal, l'éperon doit être employé

par effet *spontané* et, bien entendu, sans opposition
de main. Or, dans ce cas, et ceci est à noter, l'assiette
du cavalier se porte évidemment un peu en avant.
Mais lorsqu'il s'agit, au contraire, d'arrêter promptement le sujet, l'emploi de l'éperon doit être tout autre:
les jambes, alors, doivent se rapprocher graduellement des flancs du cheval jusqu'à ce que son contact
ait lieu, tout en fixant énergiquement la main, si les
rênes sont à la longueur voulue ; et, tout naturellement, le corps du cavalier se porte un peu en
arrière. De cette façon l'animal chez lequel on peut
en quelque sorte, décomposer à volonté le jeu de
l'arrière-main, — flexion et détente — arrive bien
vite à comprendre la nature de nos exigences, et
finit, pour ainsi dire, par aller au devant de nos
moyens d'action. Car, je ne cesserai de le répéter :
en matière de dressage, le cheval moral est tout;
c'est le cheval moral qu'il faut avoir en vue.

Pour moi, si M. Baucher a négligé de s'expliquer
complétement, sur la façon dont on doit employer
l'éperon, pour qu'il produise des effets différents,
c'est que son sentiment équestre était tel, qu'il faisait
certaines choses trop naturellement pour s'en rendre
bien compte, et pour y attacher l'importance qu'elles
méritaient. Et puis, encore un coup, il a toujours
trop compté, à mon avis, sur ce sentiment équestre
de ceux qui l'entouraient. Ainsi, pour choisir un
exemple, ce n'est qu'en présence des affirmations
réitérées de ses élèves, se plaignant de ne plus

retrouver dehors, chez leurs chevaux, ce qu'ils avaient
obtenu dans le manège, que le maître a paru comprendre que, malgré tout, il fallait faire la part du
cheval moral, et admis, jusqu'à un certain point, que
le sujet le mieux dressé, même comme cheval d'école,
pouvait fort bien à première vue, en plein air, rendre
la tâche de son cavalier assez difficile.

Mais, en disant ces choses, je ne voudrais pas
qu'on se méprît sur leur portée, et qu'on y vît de
sérieuses critiques ; car, je ne cesserai de le répéter :
le créateur de la nouvelle méthode d'équitation devait
d'autant plus s'illusionner sur certains points, que
sa puissance à cheval, son tact surprenant et son
à-propos dans l'emploi de ses moyens d'action, lui
faisait toujours obtenir, quelque soit le genre de
difficultés auxquelles il avait à faire, des résultats
surprenants et indéniables. Aussi, était-il d'autant
plus disposé à croire, qu'en employant les mêmes
moyens que lui, on devait ou pouvait arriver à des
résultats analogues.

Mais tout cela ne peut avoir qu'une importance secondaire quand il s'agit de porter un jugement sur
l'ensemble de l'œuvre du maître des maîtres en équitation savante, et, surtout n'infirme en aucune façon
les grandes vérités équestres qu'il nous a laissées.
N'est-ce pas lui qui a proclamé qu'au point de vue
des parties de la bouche qui sont en contact avec
le mors il n'y a, en réalité, aucune différence appré-
ciable de sensibilité entre les différents sujets ; pas

plus qu'il n'y en a en ce qui regarde les téguments
sur lesquels agissent les talons.

Évidemment, tout cela tient à l'état moral du
cheval, au peu d'habitude qu'il a contracté de
répondre convenablement à nos moyens d'action,
ou plutôt à la manière dont on procède au début du
dressage.

Mais il faut ajouter aussi que cela ne peut avoir
pour cause le manque de souplesse de certains foyers
musculaires, et, encore moins, des vices de conformation, comme a pu le voir Baucher.

Il est nécessaire à présent de parler de ce que ce
maître entendait par l'équilibre correct de la masse,
comme aussi de juger sa manière d'apprécier le genre
d'équilibre qu'exigeaient ses devanciers, et surtout
celui que semblait préconiser son célèbre antagoniste,
le comte d'Aure.

D'après M. Baucher, le poids de la masse doit être
réparti également sur les quatre extrémités ; non seulement au ramener, mais encore dans les effets de
concentration ; voire même dans le rassembler le plus
complet. Il ne peut être question, à ce propos, bien
entendu, de ce qu'imposent les translations de poids
nécessaires aux différents mouvements exigés. Sa
manière de voir, sur ce sujet, peut évidemment être
discutée ; néanmoins, ce qu'il y a de certain, c'est
qu'il a su tirer un énorme parti de ce genre d'équilibre. Mais là où il s'est trompé, c'est lorsqu'il a paru
affirmer que ses devanciers exigeaient de leurs che-

vaux un équilibre tout différent, et que son contradic-
teur (M. d'Aure) en avait adopté un autre, entièrement
opposé à celui des anciens. Ainsi, selon lui, l'équilibre adopté par les fondateurs de l'École française
comportait une surcharge sur l'arrière-main, et celui
qui serait la conséquence des principes posés par le
comte d'Aure, une surcharge sur l'avant-main. C'est
évidemment une double erreur. D'un côté, l'équilibre
qu'indiquent les gravures du temps, représentant
M. de la Guérinière ou M. de Nestier à cheval, est
simplement celui qu'ils exigeaient de leurs chevaux
d'école, lesquels devaient travailler sur les hanches,
comme on disait, ce qui donne en effet beaucoup de
brillant aux allures. Mais ce genre d'équilibre n'était
pas exigé des chevaux destinés au dehors, car personne ne menait plus librement que nos anciens
écuyers les sujets employés pour l'usage ordinaire.
C'est ce qui faisait que nos hommes de cheval en
grande réputation, comme étaient le vicomte et le
chevalier d'Abzac, montaient si bien à première vue
les sujets les plus difficiles. Quant à l'équilibre que le
comte d'Aure donnait à ses chevaux, il ne peut être
évidemment celui qu'indique Baucher dans les dernières éditions de ses œuvres. M. d'Aure exigeait bien
que les chevaux d'école fussent fixés sur la main,
mais il voulait que leur arrière-main se trouvât aussi
légèrement en surcharge. Seulement il est évident
que le dernier écuyer en chef de l'École de Versailles
a semblé indiquer que chez les chevaux destinés au

dehors, l'avant-main devait supporter plus de poids
que l'arrière-main; non pas, il est vrai, dans des proportions exagérées, comme pourraient le faire croire
les affirmations de M. Baucher. Maintenant, si l'on
compare l'équilibre que les anciens écuyers donnaient
à leurs chevaux d'école avec celui que paraît avoir
exigé des siens le comte d'Aure, on peut dire que, chez
les anciens, c'étaient les reins et les hanches de l'animal qui, par leur flexion, venaient se charger d'une
partie du poids de devant, tandis que l'arrière-main
des chevaux d'école de M. d'Auré se trouvait en surcharge par suite de l'élévation *du bout de devant*,
comme on disait volontiers.

Quoi qu'il en soit de toutes ces choses, on peut très
bien admettre que l'équilibre préconisé par M. Baucher, c'est-à-dire celui où le poids de la masse se
trouve également partagé sur les quatre extrémités,
quelque soit leur rapprochement, a sa raison d'être,
si l'on tient bien compte du but qu'il voulait atteindre;
l'absorption complète des puissances musculaires de
l'animal par son cavalier. Et, tout en convenant que
ce genre d'équilibre a ses inconvénients, celui, par
exemple, de trop tendre à annuler les forces instinctives de l'animal, on peut affirmer que le tact équestre
si extraordinaire du maître, les empêchait de se produire. Après tout, on ne saurait trop le répéter, n'est-ce
pas dans cet équilibre qu'il nous faut admirer les surprenants chevaux d'école qui nous ont tellement
éblouis, que nous n'avons pensé que plus tard à ana-

lyser et à discuter les puissants moyens d'action dont
il se servait.

Maintenant, voici le moment d'aborder cette grosse
question : comment se fait-il qu'à un moment donné,
vers la fin de carrière équestre, M. Baucher a paru
reléguer au second plan les pratiques qui lui avaient
donné des résultats si extraordinaires, pour proclamer
la supériorité de nouveaux principes, en apparence
opposés aux premiers? Et cela doit paraître d'autant
plus singulier que l'homme avait toujours été trop
affirmatif, pour ne pas craindre de paraître se déjuger.

Mais, à ce propos, il vaut mieux laisser M. Baucher
expliquer lui-même ce qui l'a conduit à ces nouveaux
agissements équestres.

Avec le premier équilibre, a-t-il dit, celui, en un mot,
qui était la résultante du rapprochement égal des extrémités postérieures et antérieures, *je modifiais la
construction plus ou moins défectueuse de mes chevaux,
j'obtenais même par moments une légèreté très grande,
mais qui diminuait par suite d'un nouveau mouvement,
d'un changement de direction... et, malgré les progrès
continus de ces chevaux, je reconnaissais chaque jour un
nouveau desideratum ; au lieu qu'avec le nouvel équilibre, il ne me reste plus rien à désirer.*

Sans nul doute, et on ne saurait trop insister sur ce
point, il est évident que dans l'équilibre très artificiel
que le maître exigeait de ses chevaux, et qui ne pouvait être maintenu que par des oppositions constantes
de main et de jambes, une légère résistance ou plutôt

un léger éloignement de forces, pour parler son langage, devait se produire, toutes les fois que le cavalier
demandait une nouvelle allure, un nouveau mouvement, et même un simple changement de direction ;
car, se trouvant alors, momentanément, dans l'obligation de cesser ses oppositions, pour donner l'indication nécessaire à la nouvelle exigence, l'animal
devait, tout naturellement, tendre à sortir de la position artificielle où il était comme renfermé. Du reste,
M. Baucher n'avait-il pas dit, lui-même, à une époque :
*le cheval ne peut conserver un parfait et constant équi-
libre, que par une combinaison de forces opposées,
habilement ménagée par le cavalier.* Aussi, ne trouvant
pas là encore cette légèreté constante dont il a fait la
base de ses doctrines, il a dû, à un moment donné,
la chercher en dehors de cette *combinaison de forces
opposées.*

Et puis, il faut ajouter, qu'au milieu de ses étonnants succès, le maître avait eu les jambes brisées
par un fatal accident, et avait perdu, conséquemment,
une partie de sa puissance à cheval. Or, c'est peut-être
à cela, principalement, que nous devons la théorie
équestre qu'il nous a laissée en dernier lieu. Peut-être,
aussi, avait-il enfin reconnu que ses puissants moyens
d'action, pour maintenir une grande concentration de
forces, étaient d'application difficile ; et alors, tout
naturellement, l'idée a pu lui venir de chercher dans
un autre équilibre, aisé à maintenir, cette légèreté
absolue qu'il avait toujours rêvée.

On doit comprendre aussi, que dans cet ordre d'idées, il ne peut plus être question d'oppositions alternées de mains et de jambes, et surtout de l'emploi de l'éperon en vue de la concentration des forces. Néanmoins, ce que M. Baucher a de nouveau prescrit, en dernier lieu, c'est l'effet d'ensemble jusqu'à l'appui de l'éperon, pour immobiliser la masse à volonté et mettre encore plus l'animal sous la dépendance de son cavalier. Cependant, il a soin d'ajouter, page 211 de la dernière édition de ses œuvres : *Puisque l'action combinée des jambes et de la main immobilise le cheval, on comprend, par cela même, que lorsqu'il s'agit du mouvement on ne doit pas employer les mêmes moyens.*

Le principe de *main sans jambes, jambes sans main,* me paraît devoir d'autant plus rester dans la pratique équestre, que le simple effet de main en élévation, pour équilibrer le poids de la masse, est on peut dire un effet direct ; ensuite, que la cessation de cette action, qui n'exige nullement le jeu prépondérant des fléchisseurs de la croupe, laisse l'animal tout disposé pour l'emploi de ses forces impulsives ; ce qui n'a pas toujours lieu avec les oppositions simultanées de jambes et de main.

Un trait de lumière avait paru, du reste, éclairer Baucher, le jour où il a dit : *Voyez le cheval courant dans la prairie, quelle souplesse, quelle légèreté dans les mouvements !* Ici, il faut l'avouer, nous sommes déjà loin de l'époque où le maître parlait : *de la raideur*

commune à tous les chevaux et où il écrivait ceci :
Le cheval, quelque favorisé qu'il soit de la nature, a
besoin d'un exercice préalable pour disposer de ses
forces, etc., etc. N'a-t-il pas dit aussi, bien avant qu'il
fût question de sa seconde manière : *Le cheval ne peut*
conserver un parfait et constant équilibre que par une
combinaison de forces opposées, habilement ménagées
par le cavalier.

Mais rien n'est vraiment plus puéril que d'opposer
à eux-mêmes les grands chercheurs, les hommes qui,
dans un art quelconque, ont passé leur vie en quête
de la vérité absolue, et n'ont longtemps rencontré que
des vérités relatives. Il faut laisser cela à ceux qui,
pour une raison quelconque, se sont donné mission
de les amoindrir.

A présent, ce qu'il est utile de mentionner, c'est
qu'on peut bien ne pas classer, comme Baucher l'a
fait, les deux genres de moyens d'actions que son
génie équestre lui a suggérés. Ainsi, pour moi, la
première partie de ce maître en tant qu'il s'agira de
donner un équilibre artificiel à des sujets peu disposés
pour le travail d'école, aura toujours une très grande
utilité ; elle aura même pour résultat, si on le veut,
de donner à l'animal l'équilibre qu'exigeaient nos
anciens maîtres, en admettant même que l'on ait à
faire à des natures assez ingrates. Car, après tout, si
M. Baucher a dit : « Tous les chevaux peuvent se
ramener » il est rationnel d'affirmer, également, que
tous les chevaux pour peu qu'ils conviennent à la

selle, peuvent arriver, par l'action des fléchisseurs des reins et de la croupe, à un rassembler correct ; c'est-à-dire à se mouvoir de façon que l'arrière-main se charge aisément d'une partie du poids de l'avant-main ; ce qui donne évidemment beaucoup de brillant au travail. Or, avec ce genre de rassembler (et ceci est important à noter), il n'y a aucune raison pour que les changements d'allures et de direction ne s'opèrent sans que la main perçoive la moindre résistance, puisque ces résistances ne peuvent en réalité, se produire que dans un équilibre trop artificiel ; c'est-à-dire lorsque, avec le rapprochement des extrémités, l'avant-main reste chargée du même poids que l'arrière-main. De plus il est certain que dans l'équilibre adopté par les anciens écuyers pour les chevaux d'école, les hanches peuvent rester diligentes.

Quoi qu'il en soit, quand on envisage l'ensemble des travaux de M. Baucher, on reste étonné de la portée de ce génie équestre, qui, à un moment donné, s'est ingénié à trouver de nouveaux moyens d'action, lorsque ceux qu'il possédait si bien lui avaient procuré tant de succès ; et qui, sans se préoccuper de ses anciens enseignements, en arrive à formuler une nouvelle théorie se basant sur une donnée nouvelle, semble être en contradiction avec tout son passé équestre.

A présent, j'oserai dire en terminant que ce que l'on peut reprocher à l'ensemble des théories émises par le maître, c'est de n'avoir pas paru assez tenir compte de cheval moral; car, on ne doit plus l'ignorer aujourd'hui, le cheval moral est tout. Et le comte de Lancôsme-Brèves a eu raison d'affirmer que la *volonté étant le mobile du mouvement, c'était la volonté qu'il fallait atteindre chez l'animal.*

Sans doute on peut affirmer que, dans la pratique, M. Baucher se préoccupait énormément du cheval moral; seulemeut il n'en a peut-être pas paru assez en comprendre la constante nécessité. Et cependant, dans son premier ouvrage, *le Dictionnaire raisonné de l'Équitation,* il avait dit ceci : *J'ai toujours cru à l'intelligence du cheval, et c'est sur cette opinion que j'ai basé ma méthode et tous les principes énoncés dans cet ouvrage. Grâce à elle, en maîtrisant la volonté de l'animal, je suis parvenu à n'exiger de lui que ce qui avait été saisi par son intelligence.*

Du reste il n'y a pas à en douter, si l'on cherche bien, on trouve tout dans ce qu'a écrit cet écuyer extraordinaire, et on lui devra aussi une foule de moyens très ingénieux, ce qu'il serait trop long d'énumérer ici, pour arriver à se faire comprendre plus facilement du sujet, et l'obliger à répondre à ses moyens d'action. Son travail à la cravache en particulier est un des exemples frappants de la fécondité de ses ressources équestres. Et n'est-il pas arrivé, même en dernier lieu, à utiliser d'une façon toute particulière le caveçon, instrument dont il a paru proscrire l'emploi à ses débuts, mais dont il a fini par se servir ingénieusement pour faciliter le tra-

vail de ses élèves, et empêcher les fautes de la main
d'avoir de trop mauvaises conséquences. Puis, chose
qui prouve bien que l'homme tout entier était à son
art, c'est qu'il donnait encore, sur son lit de mort, à son
disciple préféré (1), et au moment où sa pensée presque
éteinte allait quitter la terre, une indication, suprême
et savante à la fois, sur le rôle assigné à la main.

Aussi, quand on considère, dans son ensemble,
l'œuvre de Baucher, on reste convaincu que cet
homme de cheval surprenant a conquis à tout
jamais une place à part dans l'histoire de l'équitation.

Cette œuvre est incontestablement celle qui laissera le plus de trace dans la pratique équestre ; quant
à l'habileté de l'homme, elle a été, pour ainsi dire,
sans égale, et ses tours de force équestres presque
inimitables. Et, non seulement il a élargi, de beaucoup, le cercle des difficultés équestres que l'on peut
vaincre, mais si quelques-unes de ses théories
peuvent être discutées, et présentent certaines difficultés dans leur application, il n'en a pas moins
proclamé des vérités équestres incontestables, en
éclairant, magistralement, des choses laissées dans
l'ombre par ses plus habiles devanciers.

Néanmoins, je ne crains pas de le redire encore
une fois, les principes de M. d'Aure, ou plutôt ceux
de l'ancienne École française modifiés en vue des
exigences actuelles, font plus la part des nécessités

---

(1) Le général L'Hotte.

de la pratique ordinaire, et des tendances instinctives de la plupart des cavaliers ; conséquemment,
ils sont plus à la portée de tous, de même que l'étude
patiente des moyens d'action que nous a laissés
M. Baucher donnera toujours une supériorité à
l'écuyer qui saura s'en servir en connaissance de
cause. Du reste, il n'est vraiment pas permis aujour-
d'hui à un homme de cheval qui se destine à l'enseignement, de ne pas connaître à fond les idées et
les pratiques du créateur de la nouvelle méthode
d'équitation. Et c'est ici le moment d'ajouter, que si
M. Baucher a peut-être eu le tort de ne se préoccuper que d'assouplissements, de ne paraître
s'occuper que des moyens d'annuler les résistances
instinctives du cheval, c'est probablement, comme
je l'ai dit, parce que, au début de sa carrière équestre,
il a eu le plus souvent affaire à des chevaux *manqués*,
et surtout à cette catégorie de chevaux énergiques
qui ont contracté l'habitude de lutter constamment
contre les effets de la main. On s'explique donc très
bien qu'il ait cherché exclusivement à s'opposer aux
manifestations instinctives de l'animal, à annuler les
forces — pour parler son langage — avant d'en communiquer.

Dans tous les cas, un des immenses services que
nous a rendus M. Baucher, est de nous avoir appris
que la plus grande partie des résistances se mani-
festaient par la contraction de l'encolure et de la
mâchoire, et d'avoir trouvé une série de moyens

pour les prévenir et les vaincre. De plus, on peut
dire qu'il nous a laissé une théorie complète des
différents effets de la main, soit qu'elle serve en
quelque sorte de barrière pour arrêter les mouvements instinctifs de la tête, soit qu'elle agisse d'une
façon appropriée pour s'opposer à certaines contractions. A ce point de vue, il ne reste pour ainsi dire
rien à trouver après lui. L'équitation de l'avenir,
l'équitation vraiment rationnelle ne peut que compléter son œuvre, en démontrant qu'en définitive le
cheval moral est tout, et qu'il faut s'occuper d'abord,
en donnant satisfaction à son besoin de mouvement,
de le rendre calme et attentif, de parler à son intelligence, — je me sers de ce mot à dessein — de
façon qu'il comprenne bien nos exigences. L'important, ensuite, est de bien graduer nos moyens d'action, car le grand art pour dresser promptement les
chevaux, est de passer avec méthode du simple au
composé, en ayant soin de s'assurer de temps en
temps que l'animal a bien compris nos premières
indications. Alors, tous ces moyens d'action que nous
ont donnés nos maîtres, et qui ont été sanctionnés
par une longue pratique, acquerront une plus grande
valeur ; et ils sont plus que suffisants, dans la généralité des cas, pour obtenir tout ce que nous sommes
en droit d'exiger.

Aussi, quelle que soit la divergence de leur enseignement, ces deux grands écuyers auront contribué, sans nul doute, autant que leurs plus célèbres

devanciers, au progrès de l'art équestre. De plus,
ils ont été en quelque sorte des modèles inimitables, et c'est déjà beaucoup. Maintenant, si leurs
principes sont différents, n'oublions pas surtout que
ces principes étaient en rapport avec leurs visées.
Et comme après tout, ce qu'ils ont cherché à
obtenir tous les deux a parfaitement sa raison
d'être, c'est de la fusion intelligente de leurs doctrines, si l'on peut s'exprimer ainsi, que doit sur-
gir une équitation rationnelle et à la portée de tous
les cavaliers.

LES ASSOUPLISSEMENTS

D'APRÈS D'AURE ET BAUCHER

CHAPITRE VII

LES ASSOUPLISSEMENTS

D'APRÈS D'AURE ET BAUCHER

Les principes du dressage devant avoir pour but, tout d'abord, d'assouplir et d'alléger le cheval, nous parlerons maintenant des moyens qu'il faut employer pour obtenir cette légèreté, cet équilibre, ce liant dont parlent tous les auteurs, et sans lequel on ne pourrait pas dire avoir un cheval bien dressé. C'est par l'assouplissement que vous arrivez à rendre au jeune cheval la souplesse naturelle qu'il a perdue chez l'éleveur par le peu d'avoine donnée et par le travail au trait qui l'a rendu lourd et maladroit. Le comte d'Auré et Baucher ont tous deux exposé leur système d'assouplissement ; il est difficile, je crois, de faire mieux que ces deux grand maîtres ; nous allons voir comme ils procédaient. Commençons par le comte d'Aure.

Quant à l'assouplissement de l'encolure, par exemple, l'ancien écuyer de Versailles affirme que c'est en raison du point où l'on veut amener le cheval que l'on assouplit plus ou moins cette partie. Pour avoir des allures raccourcies, l'assouplissement doit, selon lui, être plus grand, afin que la tête se rapproche davantage de la perpendiculaire et que la masse se porte sur l'arrière-main, qui trouve alors son soutien sur les éperons. En discutant ensuite le même sujet, il poursuit : « Il n'est pas douteux que plus les résistances de l'avant-main seront combattues, plus l'action de la bride aura de puissance, et qu'alors les mouvements ralentis ou rétrogrades seront plus faibles à obtenir. Mais la véritable équitation consiste à savoir commander aux forces et non à les détruire. En les détruisant, on va plus vite, peut-être, pour ralentir et rassembler un cheval ; mais aussi ne doit-on plus les trouver, quand elles peuvent devenir nécessaires dans

un travail qui tend à développer les allures du cheval,
en le portant sur les épaules. » C'est en cela que
l'équitation comme l'entendait de La Guérinière était
de beaucoup préférable à celle de Newcastle. Ce dernier poussait si loin, que ses chevaux n'étaient guère
propres qu'aux exercices ralentis, brillants et assis.
La Guérinière, au contraire, tout en faisant de l'équitation ralentie, balançait mieux les forces du cheval,
et n'obtenait pas l'assouplissement au point de détruire
ou d'altérer les moyens de développer les allures.
Nous savons parfaitement qu'en pliant l'encolure, en
obtenant la flexion horizontale de cette partie, on ramènera la tête ou du moins on la fera tomber prompt-
tement, et que l'on ralentira plus facilement les mouvements du cheval, puisque l'on détruit ainsi la force
des muscles de l'avant-main, qui dans la nature servent à déterminer le mouvement en avant et la rapidité ; mais comme le cheval ne peut développer sa
vitesse que lorsque la tête s'éloigne du centre de gravité pour se porter en avant, entraîner après elle le
poids des épaules et solliciter les forces de l'arrière-
main, comment la tête pourra-t-elle reprendre cette
position, lorsque l'assouplissement aura détruit toutes
les forces des muscles de l'encolure, qui servent à
maintenir et à porter la tête en avant ? Si la tête ne
peut reprendre une position absolument nécessaire
pour aider au développement des allures, si elle ne
trouve plus dans l'encolure le soutien indispensable
dans cette circonstance, elle ne pourra plus se dépla-

cer que d'une façon incertaine, flageolante, amenant
le désordre dans tous les mouvements du cheval
lorsqu'on voudra développer sa vitesse : voilà pourquoi Grison, qui tenait aux allures franches et décidées, désirait voir les chevaux *francs de col*.

Le comte d'Aure admet, de préférence, la manière
de renfermer un cheval dans la main et dans les
jambes, en se servant de la main comme soutien et
des jambes comme action, c'est-à-dire *en mettant le
cheval sur la main au lieu de le mettre derrière la
main*. Puis il continue : « Il n'est question, aujour-
d'hui, que des soutiens à employer quand on veut
asseoir les chevaux et les reculer ; mais on ne fait
nullement mention de ceux nécessaires pour les faire
aller en avant. Ce peut être une chose fort curieuse et
fort rare de voir des chevaux galoper et trotter en
arrière ; mais comme l'usage veut encore qu'ils aillent
en avant, et aujourd'hui plus que jamais peut-être, ce
sont des principes qu'il est peut-être bon de connaître.
En rassemblant le cheval, en le renfermant dans la
main et dans les jambes, il se soumettra tout aussi
bien à l'obéissance ; et, pour ma part, j'y trouve un
avantage, c'est que tout en pouvant l'astreindre à un
travail ralenti, on peut encore le développer dans toute
sa vitesse et le rendre franc et perçant sur tous les
obstacles, chose beaucoup plus difficile et quelquefois
impossible avec d'autres méthodes. Voilà pourquoi je
me garderai bien et ne conseillerai jamais d'assouplir
l'encolure de façon à détruire les forces de l'avant-

main, parce que nous savons fort bien que pour la
locomotion elles sont essentielles. Ce à quoi il faut
tendre, c'est de faire recevoir au cheval avec confiance,
l'appui du mors et lui en faire connaître les effets.
Dans l'explication déjà donnée, on a pu voir qu'il suffit,
pour faire connaître au cheval cet appui, d'assurer la
main et de faire agir les jambes, de façon à porter sur la
main le poids dont elle a besoin. La main, présentant
une résistance, contrebalance l'action des jambes, dont
les effets peuvent facilement se graduer en raison de
la sensibilité du cheval. Quant à la manière de faire
connaître la bride, si j'ai aussi recours à cet assouplissement, il n'a rien de commun avec d'autres mis en
usage aujourd'hui. Si j'offre, par exemple, une résistance sur la barre gauche, afin de travailler cette barre,
la résistance sera toujours soutenue par l'action des
jambes ; plus celles-ci agiront, plus elles porteront le
cheval sur la main ; il est vrai, alors, que si la rêne
gauche maintient toujours sa résistance, le cheval
pliera son encolure à gauche, étant obligé de céder
au point d'appui qu'il recevra sur la barre gauche ;
mais cet assouplissement, calculé pour faire goûter le
mors au cheval et lui ramener la tête, a cet avantage,
c'est qu'il peut se graduer et permet de conserver
alors à l'encolure la force dont elle a besoin, quand il
est question d'augmenter les allures.... *Pour augmenter la vitesse*, plus on poussera le cheval en avant par
les actions des jambes, plus la main modérera sa résistance pour laisser s'allonger l'encolure et éloigner

la tête, à laquelle on offrira ensuite un soutien plus
fort de la main, et calculé sur les pesanteurs envoyées
par les jambes. *Pour ralentir*, au contraire, les jambes
modéreront d'abord leur effets, la main agira de façon
à relever la tête, à la rapprocher, et quand une fois
les poids de l'avant-main seront portés en arrière, les
jambes offriront, à leur tour, un soutien calculé sur
les pesanteurs envoyées par la main. En suivant ce
travail, en ralentissant et en augmentant les mouvements du cheval, en marquant des temps d'arrêt fixes
soutenus par les jambes, toutes les fois qu'on voudra
changer de direction, on aura bientôt donné ainsi à
l'encolure cette élasticité qui fait que, le cheval raccourci ou allongé, sa bouche sera toujours en contact
avec la main du cavalier. Cet appui certain que le
cheval ne redoute plus, sur lequel il se fixe et s'appuie en raison de l'action des jambes, est ce que je
considère comme la chose la plus essentielle en équitation, car c'est par ce seul moyen qu'un cheval
deviendra perçant, arrivera franchement sur les obstacles, et ne pourra même pas se dérober devant les
objets qui l'effrayeront. Poussé par les jambes, maintenu par le poids égal des rênes et l'appui du mors, il
sera renfermé, captivé, entraîné, de telle sorte qu'il
ne pourra dévier de la ligne qui lui sera tracée par la
main. Un cheval, au contraire, porté sur l'arrière-
main, et trop assoupli dans l'encolure, deviendra incertain, abordera les obstacles sans franchise, et pos-
sédera tous les moyens de se dérober devant un objet

effrayant. Dans beaucoup de circonstances, le cheval
plie l'encolure pour se soustraire à la volonté du cavalier. C'est le moyen de défense dont il use, quand
il refuse de se porter en avant. Que l'on exploite cette
disposition, quand on est obligé de travailler dans de
petits espaces, où l'on est forcé d'employer tous les
moyens pour ralentir un cheval, rien de mieux ; qu'on
l'emploie encore sur des chevaux qui s'arment ou qui
ont une très grande raideur d'encolure, c'est à mer-
veille ; mais un tel principe ne peut être admis
comme règle générale. Dans l'usage habituel, on peut
asseoir les chevaux, leur assouplir l'arrière-main, sans
pour cela détruire, pour les ralentir, les forces qui
sont indispensables pour obtenir la franchise et la
rapidité. Voilà ce que les Arabes comprennent parfaitement. Les chevaux arabes ont le col ferme, leurs
cavaliers ne plient l'encolure ni à gauche, ni à droite ;
ils ne l'assouplissent que de devant en arrière.

En ce qui concerne l'assouplissement de l'encolure,
M. d'Aure ajoute : « Si quelquefois un semblable
assouplissement est nécessaire pour faire goûter le
mors au cheval, il en est un autre plus essentiel à
obtenir, et beaucoup plus rationnel ; c'est celui qui
tend à rendre flexible l'articulation de la ganache, et
qui donne de l'élasticité à l'encolure de devant en
arrière. Ce n'est point en portant la tête à gauche ou
à droite, qu'un cheval, comme toute espèce de qua-
drupède, recule ou avance ; c'est en portant la tête
en arrière ou en avant ; c'est pourquoi il faut disposer

10

l'encolure à se relever, à s'arrondir ou à s'allonger,
en raison des résistances ou des soutiens que la main
vient offrir à la bouche du cheval, quand on veut raccourcir ou développer les allures. En thèse générale,
rien n'est aussi simple que d'obtenir cet assouplissement, parce qu'il est en rapport avec la construction
du cheval et ses dispositions naturelles ; quand le cheval est appuyé sur la main, il suffit de faire exécuter
le travail que j'ai indiqué pour promptement donner à
l'encolure une élasticité qui lui permet de s'allonger
ou de se raccourcir, en raison des mouvements que
l'on désire obtenir. Il suffit, comme je l'ai dit, de toujours contrebalancer les effets de la main par les
actions des jambes, varier les résistances de la main,
mais ne jamais abandonner son contact avec la bouche
du cheval. » M. d'Aure indique ensuite les moyens
de remédier à la *surcharge de l'avant-main*. Toutes les
fois, dit-il, que le cheval sort de son aplomb pour se
porter en avant, il cherche un appui sur le mors.
Cet appui varie en raison de sa construction et de sa
sensibilité : 1° Lorsque l'encolure est lourde, peu
souple, que la tête est mal attachée et pesante, leur
poids, en s'éloignant du centre de gravité, surchargera les épaules ; en conséquence, le cheval prendra
un appui sur la main ; 2° lorsque la liberté et la force
de l'avant-main seront inférieures à celles de l'arrière-
main, l'action d'une force plus grande tendant encore
à surcharger la plus faible, le cheval recherchera de
même un soutien sur le mors ; 3° enfin, lorsqu'une

grande raideur dans les hanches et les jarrets, raideur souvent produite dans cette dernière partie par différentes tares ne permettant pas à l'arrière-main de s'assouplir pour établir l'équilibre, les épaules auront encore à supporter une pesanteur plus forte, comme dans les deux autres cas, et le cheval s'appuiera sur la main. Néanmoins, les moyens d'action qu'un cavalier peut posséder le mettent dans le cas d'atténuer ces difficultés. Lorsque l'encolure est épaisse et raide, que la tête est lourde et mal attachée, le cheval s'appuie sur le mors en baissant et en éloignant la tête. Pour combattre cette disposition, il faut premièrement assouplir l'encolure.

Lorsque la liberté et les forces de l'arrière-main sont supérieures à celle de l'avant-main, on peut impunément asseoir le cheval, faire agir les jambes pour gagner et assouplir les hanches et faire agir la main avec assez de puissance pour régler sur l'arrière-main le poids qui tend à se porter en avant. Ces arrêts doivent être suivis néanmoins d'une sorte d'abandon dans l'action de la main, afin que le cheval, ne trouvant plus un soutien assez ferme par devant, soit forcé de faire supporter aux hanches le poids qui serait porté sur les épaules, si ces dernières avaient été trop soutenues. Les jambes, tout en assouplissant les hanches, servent en même temps de soutien à l'arrière-main pour recevoir les pesanteurs envoyées par la main. Ce travail doit se continuer jusqu'à ce que l'on sente le cheval maintenu sur les

hanches; alors on donne à la main une légère fixité
afin d'assurer la tête et régler le mouvement des
épaules. Toutefois, dès que le cheval, en raison d'un
mouvement plus rapide, ou pour toute autre cause,
cherche à reprendre un trop fort point d'appui, on
recommence à marquer des temps d'arrêt assez forts,
suivis d'un soutien très léger, d'une espèce d'abandon
dans la main qui s'obtient en cessant de faire agir les
muscles de la main et du bras. Quand la raideur et la
sensibilité des muscles engagent le cheval à se porter
sur les épaules, il place ordinairement le nez au vent,
raidit son encolure et ne prend sur le mors qu'un
appui incertain. Il devient, dans ce cas, nécessaire de
placer très bas la main de la bride, en présentant
alors à la bouche un appui léger et toujours égal; au
moyen de cette fixité, l'appui que prendra le cheval
deviendra plus certain. Une fois qu'il sera assuré dans
ce point d'appui, on cherchera, en le marchant au
pas, à le plier à droite et à gauche. On l'arrêtera, on
essayera de le reculer; on badinera alternativement
les deux rênes. En usant judicieusement et sans force
de ces divers moyens, l'encolure s'assouplira promptement et la tête prendra une meilleure position. Pendant que les mains agiront ainsi pour ramener et
assouplir le devant, les deux jambes resteront également tombantes, elles maintiendront simplement
l'arrière-main et empêcheront le cheval de reculer ou
de se traverser. Une fois que la tête sera fixée sur le
point d'appui offert par la main, qu'enfin il se croira

maître de l'avant-main, le cavalier commencera à travailler les hanches, afin d'assouplir et de placer l'arrière-main. Je suppose que l'on veuille commencer à assouplir la hanche droite, le cavalier prendra les rênes de la bride dans la main droite, fixera cette main pour maintenir la tête et arrêter le mouvement de l'avant-main. La main gauche agira alors sur la rêne gauche pour plier le bout de devant à gauche et fermera la jambe gauche pour faire échapper l'arrière-main à droite. Dans ce mouvement, la jambe droite doit rester tombante et ne devra agir que dans le cas où il deviendrait nécessaire de rectifier l'effet trop marqué qu'aurait pu produire la jambe gauche. Dans l'hypothèse, au contraire, où la jambe gauche ne produirait pas assez d'effet, on la fermerait jusqu'à l'éperon que l'on fera sentir légèrement par petits coups le long des aides. Enfin, si le cheval se poussait sur l'éperon, ou ruait à la botte, ce qui arrive quelquefois, on pincerait vigoureusement l'éperon gauche pour rejeter les hanches à droite. Dans tout ce travail de l'arrière-main, les mains du cavalier doivent rester fixes en maintenant le pli à gauche du devant, ce qui aide à tenir l'arrière-main à droite. Comme je l'ai dit tout à l'heure, un travail semblable s'alterne; on a soin toutefois d'exercer davantage le côté le plus raide. En agissant avec ménagement et en raison de la force du cheval, ce dernier sera bientôt ramené et assoupli; tandis qu'au contraire, en agissant avec trop de force, si l'on veut le ramener

trop promptement, l'arrière-main recevant une sujé-
tion insupportable, le cheval peut se cabrer, se renverser, se porter en avant avec violence, s'appuyer
sur le mors avec tant de force, que le cavalier n'en
sera plus maître. »

Il nous reste maintenant à exposer le système que
M. Baucher a développé dans sa *Méthode d'équitation*.
« De longues et consciencieuses observations m'ont
démontré, dit cet auteur, que quel que soit le vice de
conformation qui s'oppose dans le cheval à la juste
répartition des forces, c'est toujours sur l'encolure
que s'en fait ressentir l'effet le plus immédiat. Pas de
faux mouvements, pas de résistance qui ne soit pré-
cédée par la contraction de cette partie de l'animal;
et comme la machoire est immédiatement liée à l'encolure, la raideur de l'une se communique instantanément à l'autre. Ces deux points sont l'arc-boutant
sur lequel s'appuie le cheval pour annuler tous les
efforts du cavalier. On conçoit facilement l'obstacle
immense qu'ils doivent présenter aux impulsions de
ce dernier, puisque l'encolure et la tête étant les deux
leviers principaux par lesquels on détermine et dirige
l'animal, il est impossible de ne rien obtenir de lui
tant qu'on ne sera pas entièrement maître de ces premiers et indispensables moyens d'action. A l'arrière-
main, les parties où les forces se contractent le plus
pour les résistances sont les reins et la croupe (les
hanches). Les contractions de ces deux extrémités
opposées sont mutuellement les unes pour les autres

causes et effets, c'est-à-dire que la raideur de l'encolure amène celle des hanches et réciproquement. On
peut donc les combattre l'une par l'autre ; et dès qu'on
aura réussi à les annuler, dès qu'on aura rétabli l'équilibre et l'harmonie qu'elles empêchaient entre l'avant
et l'arrière-main, l'éducation du cheval sera à moitié
faite. Pour assouplir ces parties, on les soumet à des
flexions convenablement pratiquées. » Il est recommandé de ne pas attaquer et exercer toutes ensemble
les parties du cheval qui se contractent le plus pour
les résistances ; mais, ces contractions ayant leur siège
dans des parties séparées, on les combattra successivement. Les résultats qu'on obtiendra seront plus ou
moins prompts et faciles, suivant le degré de perfection de la nature de l'animal et l'influence de la main
à laquelle il aura pu être soumis antérieurement.
L'assouplissement qui, chez un cheval bien constitué,
n'aura d'autre but que de préparer ses forces à céder
à nos impulsions, devra de plus rétablir le calme et la
confiance, s'il s'agit d'un cheval mal mené, et faire
disparaître, dans une conformation défectueuse, les
contractions, causes des résistances et de l'opposition
à un équilibre parfait. Dans la progression à suivre
pour soumettre à l'assouplissement les diverses parties de l'animal, l'auteur commence naturellément par
les plus importantes, c'est-à-dire par la mâchoire et
l'encolure. La tête et l'encolure du cheval sont à la
fois le gouvernail et la boussole du cavalier. Par elles,
il dirige l'animal ; par elles aussi, il peut juger de la

régularité, de la justesse de son mouvement. Nulle
domination n'est permise au cavalier tant qu'elles restent contractées et rebelles; une fois qu'elles sont
flexibles et maniables, il dispose de l'animal à son gré.
L'expérience a démontré à M. Baucher que le double
assouplissement de l'encolure et de la ganache est
indispensable, car la flexion isolée de cette première
partie facilite même la raideur des muscles de l'autre,
ce qui permet au cheval de se soustraire, dans certains cas, à l'action du mors. Les flexions de la mâchoire, ainsi que les deux premières de l'encolure,
s'exécutent en place, le cavalier restant à pied.

Flexion de la mâchoire. — Le cheval sera amené sur
le terrain, sellé et bridé, les rênes passées sous l'encolure. Après avoir vérifié si le mors est bien placé
et si la gourmette est attachée de manière à ce qu'il
puisse introduire son doigt entre les mailles et la
bouche, le cavalier regardant l'animal avec bienveil-
lance dans les yeux, viendra se placer en avant de
son épaule le corps droit et ferme, les pieds un peu
écartés pour assurer sa base et se mettre à lutter avec
avantage contre toutes les résistances. Pour exécuter
la flexion à droite, il saisira la rêne droite de la bride
avec la main droite, à seize centimètres de la branche
du mors et la rêne gauche avec la main gauche, à dix
centimètres seulement de la branche gauche. Il rap-
prochera ensuite la main droite de son corps, en éloignant la gauche, de manière à contourner le mors dans
la bouche du cheval. La force qu'il emploiera devra être

graduée et proportionnée à la résistance seule de l'encolure et de la mâchoire, afin de ne pas influer sur
l'aplomb que donne l'immobilité au corps. Si le cheval
reculait pour éviter la flexion, on n'en continuerait
pas moins l'opposition des mains, lesquelles, dans ce
cas, se porteraient en avant afin de faire opposition à
la force qui produit l'acculement et attire le cheval à
soi. Si l'on a pratiqué complètement et avec soin le
travail de la cravache, il sera facile d'arrêter ce mouvement rétrograde, qui est un puissant obstacle à toute
espèce de flexion de mâchoire et d'encolure. Dès que
la flexion, dont il s'agit ici, sera obtenue, la main
gauche laissera glisser la rêne gauche à la même longueur que la droite, puis les deux rênes également
tendues amèneront la tête près du poitrail pour l'y
maintenir oblique et perpendiculaire jusqu'à ce qu'elle
se soutienne d'elle-même dans cette position. Le cheval, en mâchant son mors, constatera sa mise en main,
ainsi que sa parfaite soumission. Le cavalier, pour le
récompenser, fera cesser immédiatement la tension des
rênes et lui permettra, après quelques secondes, de
reprendre sa position naturelle. La flexion de la mâchoire à gauche s'exécutera d'après ces mêmes principes et par les moyens inverses de la flexion à droite,
le cavalier ayant dû passer alternativement de l'une à
l'autre. Ces flexions de mâchoire ont pour résultat de
préparer le cheval à céder immédiatement aux plus
légères pressions du mors et d'assouplir directement
les muscles qui joignent la tête à l'encolure. La tête

devant précéder et déterminer les diverses attitudes
de l'encolure, il est indispensable que cette dernière
partie soit toujours assujettie à l'autre et réponde à
ses impulsions. Cela n'aurait lieu qu'imparfaitement
avec la flexibilité seule de l'encolure, puisque ce serait
alors celle-ci qui déterminerait l'obéissance de la tête
en l'entraînant dans son mouvement. Le travail de la
mâchoire, en façonnant les barres et la tête, entraîne
aussi la flexion de l'encolure et accélère considérablement la mise en main. Cet exercice est le premier essai
que nous faisons pour habituer les forces du cheval à
céder aux nôtres. Il est donc bien nécessaire de mettre
dans nos manutentions la plus grande mesure, afin
de ne pas le rebuter au premier abord. Entamer la
flexion brusquement serait surprendre l'intelligence de
l'animal qui n'aurait pas eu le temps de comprendre
ce qu'on exige de lui. L'opposition des mains s'enga-
gera tout à coup pour ne plus cesser jusqu'à parfaite
obéissance; mais elle diminuera ou augmentera son
effet en proportion de la résistance de manière à le
dominer toujours sans trop le forcer. Le cheval, qui,
d'abord, se soumettra peut-être difficilement, finira
par considérer la main de l'homme comme un régulateur irrésistible, et il s'habituera si bien à lui obéir
qu'on obtiendra bientôt par une simple pression de
rêne, ce qui, dans le principe, exigeait toute la force
de nos bras. Chaque renouvellement des flexions latérales amènera un progrès dans l'obéissance du cheval.
Dès que ses premières résistances seront un peu dimi-

nuées, on passera aux flexions perpendiculaires ou affaissement de l'encolure.

Affaissement de l'encolure par la flexion directe de la mâchoire. — Le cavalier se placera comme pour les flexions latérales de la mâchoire ; il saisira les rênes du filet avec la main gauche, à seize centimètres des anneaux et les rênes de la bride à six centimètres du mors. Il fera opposition des deux mains en opérant l'affaissement avec la gauche et la mise en main avec la droite. Lorsque la tête du cheval tombera d'elle-même et par son propre poids, le cavalier cessera immédiatement toute espèce de force, et permettra à l'animal de reprendre sa position naturelle. Cet exercice, souvent réitéré, amènera bientôt l'assouplissement des muscles renversés de l'encolure, lesquels jouent un grand rôle dans les résistances du cheval, et facilitera en outre les flexions directes et la mise en main qui devront suivre les flexions latérales. Le cavalier pourra exécuter ce travail à lui seul, comme le précédent ; cependant, il serait bien de placer en selle un second cavalier afin d'habituer le cheval, sous l'homme, au travail des assouplissements. Ce second cavalier se contenterait alors de tenir, sans les tendre, les rênes du bridon dans la main droite, les ongles en dessous. Les flexions de la mâchoire ont déjà communiqué l'assouplissement à l'extrémité supérieure de l'encolure ; mais nous l'avons obtenu au moyen d'un moteur puissant et direct, et il faut habituer le cheval à céder à un régulateur moins

immédiat. Il est d'ailleurs important que le liant et la
flexibilité, nécessaires principalement à la partie antérieure de l'encolure, se transmettent sur toute son
étendue pour en détruire complètement la raideur.
La force de haut en bas pratiquée avec le bridon,
n'agissant que par les montants sur le haut de la
tête, exige souvent un temps trop long pour amener
le cheval à la baisser. Dans ce cas, il faudrait croiser
les deux rênes du bridon en prenant la rêne gauche
avec la main droite et la rêne droite avec la main gauche, à dix-sept centimètres de la bouche du cheval,
de manière à exercer une pression assez forte sur
la bouche. Les flexions réitérées, avec cet agent plus
puissant, le mettront à même de répondre au moyen
indiqué précédemment. Si le cheval répondait aux
premières flexions au moyen du procédé précédent,
il serait inutile de se servir de ce dernier. On peut
encore agir directement sur la mâchoire de manière à
la rendre promptement mobile. A cet effet, on prendra
la rêne droite de la bride à dix-sept centimètres de
la bouche du cheval, on la tirera directement vers
l'épaule droite, on donnera en même temps une tension à la rêne gauche du bridon en avant, de manière
à ce que les poignets du cavalier, tenant les deux
rênes, soient en regard sur la même ligne. Ces deux
forces opposées amèneront bientôt l'éloignement des
mâchoires et le terme de la résistance. La force doit
toujours être proportionnée à celle du cheval, soit
dans sa résistance, soit dans sa légèreté. Ainsi, au

moyen de cette force directe, il suffira de quelques leçons pour donner à la partie dont il s'agit un liant que l'on n'aurait pas obtenu aussi promptement par tout autre moyen.

Flexions latérales de l'encolure. — Le cavalier se placera près de l'épaule du cheval comme pour les flexions de mâchoire; il saisira la rêne droite du bridon, qu'il tendra en l'appuyant sur l'encolure, pour établir un point intermédiaire entre l'impulsion qui viendra de lui et la résistance que présentera le cheval; il soutiendra la rêne gauche avec la main gauche à trente-trois centimètres du mors. Dès que le cheval cherchera à éviter la tension constante de la rêne droite, en inclinant sa tête à droite, le cavalier laissera glisser la rêne gauche, afin de ne présenter aucune opposition à la flexion de l'encolure. Cette rêne gauche devra se soutenir par une succession de petites tensions spontanées, chaque fois que le cheval cherchera à se soustraire par la croupe à l'assujettissement de la rêne droite. Lorsque la tête et l'encolure auront complètement cédé à droite, le cavalier donnera une égale tension aux deux rênes, pour placer la tête perpendiculairement. Le liant et la légèreté suivront bientôt cette position, et aussitôt que le cheval constatera l'absence de toute raideur par l'action de *mâcher son frein*, le cavalier fera cesser la tension des rênes, en prenant garde que la tête ne profite de ce moment d'abandon pour se déplacer brusquement. Dans ce cas, il suffirait pour

la contenir d'un léger soutien de la rêne droite.
Après avoir maintenu le cheval quelques secondes
dans cette attitude, on le remettra en place en soutenant un peu la rêne gauche. L'important est que
l'animal, dans tous ses mouvements, ne prenne de
lui-même aucune initiative. La flexion de l'encolure à
gauche s'exécutera d'après les mêmes principes,
mais par les moyens inverses. Le cavalier pourra
renouveler avec les rênes de la bride ce qu'il aura
fait avec celles du bridon; cependant, le bridon
devra toujours être employé en premier lieu, son
effet étant moins puissant et plus direct. Lorsque le
cheval se mettra sans résistance aux exercices précé-
dents, ce sera une preuve que l'assouplissement de
l'encolure a déjà fait un grand pas. Le cavalier
pourra dès lors continuer son travail en agissant avec
un moteur moins direct, et sans que sa vue impres-
sionne l'animal. Il se mettra donc en selle, et commencera par renouveler, avec la longueur des rênes,
les flexions latérales auxquelles il a déjà exercé le
cheval.

*Flexions latérales de l'encolure, le cavalier étant à
cheval.* — Pour exécuter la flexion à droite, le cavalier prendra une rêne de bridon dans chaque main,
la gauche sentant à peine l'appui du mors, la droite,
au contraire, donnant une impression modérée
d'abord, mais qui augmentera en proportion de la
résistance du cheval, de manière à le dominer toujours. L'animal, fatigué bientôt d'une lutte qui, en se

prolongeant, rend plus vive la douleur provenant du mors, comprendra que le seul moyen de l'éviter est d'incliner la tête du côté où se fait sentir la pression. Dès que la tête du cheval aura été ramenée, la rêne gauche formera opposition pour empêcher le nez de dépasser la perpendiculaire. On doit attacher une grande importance à ce que la tête reste toujours dans cette position, la flexion, sans cela, serait imparfaite et la souplesse incomplète. Le mouvement régulièrement assoupli, on fera reprendre au cheval sa position naturelle par une légère tension de la rêne gauche. La flexion à gauche s'exécutera de même, le cavalier employant alternativement les rênes du bridon et celles de la bride. Il faut s'attacher surtout à assouplir l'extrémité supérieure de l'encolure. Une fois à cheval, et lorsque les flexions latérales s'obtiendront sans résistance, le cavalier se contentera souvent de les exécuter à demi, la tête et la première partie de l'encolure pivotant alors sur la partie inférieure, qui servira d'axe ou de base. Cet exercice se renouvellera fréquemment, même lorsque l'éducation du cheval sera terminée, pour entretenir le liant et faciliter la mise en main.

Flexions directes de la tête ou de l'encolure, ou ramener. — Le cavalier se servira d'abord des rênes du bridon, qu'il réunira dans la main gauche et tiendra comme celles de la bride. Il appuiera la main droite de *champ* sur les rênes en avant de la main gauche, afin de donner à la première une plus grande

puissance ; après quoi il fera sentir progressivement
l'appui du mors de bridon. Dès que le cheval cédera,
il suffira de soulever la main droite pour diminuer la
tension des rênes et récompenser l'animal. La main
ne devant jamais présenter qu'une force proportionnée à la résistance seule de l'encolure, on n'aura
qu'à tenir les jambes légèrement près pour fixer l'arrière-main. Lorsque le cheval obéira à l'action du
bridon, il cédera bien plus promptement à celle de la
bride, dont l'effet est plus puissant ; c'est dire assez
que la bride devra, par conséquent, être employée
avec plus de ménagement que le filet. Le cheval aura
complètement cédé à l'action de la main, lorsque sa
tête se trouvera ramenée dans une position tout à fait
perpendiculaire à la terre ; la contraction cessera dès
lors, ce que l'animal constatera, comme toujours, en
mâchant son frein. Le cavalier, cependant, doit avoir
soin de compléter exactement la flexion sans se
laisser tromper par les feintes du cheval, feintes qui
consistent dans un quart ou un tiers de cession,
suivi de bégayements. Si, par exemple, le nez de
l'animal, ayant à parcourir pour atteindre la position
perpendiculaire une courbe de dix degrés, s'arrêtait
au quatrième ou sixième pour résister de nouveau, la
main devrait suivre le mouvement, puis rester ferme
et impassible, car une concession de sa part encoura-
gerait les résistances et augmenterait les difficultés.
Lorsque la tête sera perpendiculaire, le cavalier
pourra cesser la tension des rênes, mais de manière

à retenir la tête dans cette position dès quelle voudra
la quitter. Si, dans le principe, on la laisse revenir
dans sa situation naturelle ce devra être pour la
ramener de nouveau et faire comprendre à l'animal
que l'attitude perpendiculaire de sa tête est la seule
qui lui restera permise sous la main du cavalier. On
doit tout d'abord habituer le cheval à supporter les
jambes pour arrêter tous les mouvements rétrogrades
de son corps, mouvements qui le mettraient à même
d'éviter les effets de la main, on ferait naître des
points d'appui ou des arcs-boutants propres à augmenter les moyens de résistance. Cette flexion est la
plus importante de toutes ; les autres tendaient principalement à la préparer. Dès qu'elle s'exécutera avec
aisance et promptitude, dès qu'il suffira d'un léger
appui de la main pour ramener et maintenir la tête
dans la position perpendiculaire, ce sera une preuve
que l'assouplissement est complet, la contraction
détruite, la légèreté et l'équilibre rétablis dans
l'avant-main. La direction de cette partie de l'animal
deviendra dès lors aussi facile que naturelle, puisque
nous l'aurons mis à même de recevoir toutes nos
impressions et de s'y plier sur-le-champ sans efforts.
Quant aux fonctions des jambes, il faut qu'elles soutiennent l'arrière-main du cheval pour obtenir le
ramener, de façon à ce qu'il ne puisse éviter l'effet
de la main par un effet rétrograde du corps. Cette
mise en main complète est nécessaire pour chasser
les jambes de derrière sous le centre. Dans le pre-

11

mier cas, on agit sur l'avant-main, dans le second sur l'arrière-main; le premier moyen sert au ramener, le second au rassembler.

Les assouplissements de l'avant-main sont les meilleurs que l'on puisse employer contre *l'encapuchonnement*.

Passons maintenant à l'assouplissement de l'arrière-main. En vain, dit M. Baucher, se sera-t-on efforcé de rendre la tête et l'encolure, flexibles, légères, obéissantes au contact de la main, les résultats seront incomplets, l'ensemble et l'équilibre imparfaits, tant que la croupe restera lourde, contractée, rebelle à l'agent direct qui doit la gouverner…. Les résistances de l'encolure et celles de la croupe se soutenant naturellement, notre travail deviendra plus facile, puisque nous avons déjà annulé les premières.

Flexions et mobilisation de la croupe. — Le cavalier tiendra les rênes de la bride dans la main gauche et celles du bridon croisées l'une sur l'autre dans la main droite, les ongles en dessous; il ramènera d'abord la tête du cheval dans sa position perpendiculaire par un léger appui du mors; après cela, s'il veut exécuter le mouvement à droite, il portera la jambe gauche en arrière des sangles et la fixera près du flanc du cheval jusqu'à ce que la croupe cède à cette pression. Si le cheval n'obéit pas, le cavalier fera sentir la rêne du bridon du même côté que la jambe, en proportionnant son effet à la résistance qui lui sera opposée. De ces deux forces imprimées ainsi

par la jambe et la rêne gauche, la première est destinée à déterminer le mouvement, la seconde à combattre les résistances; on se contentera dans le principe de faire exécuter à la croupe un ou deux pas de
côté seulement. La croupe ayant acquis plus de facilité de mobilisation, on pourra continuer le mouvement de manière à compléter à droite et à gauche
des pirouettes renversées. Aussitôt que les hanches
céderont à la pression de la jambe, le cavalier, pour
maintenir l'équilibre du cheval, fera sentir immédiatement la rêne opposée à cette jambe. Son effort, léger
d'abord augmentera progressivement jusqu'à ce que
la tête soit inclinée du côté vers lequel marche la
croupe, et, comme pour la voir venir. L'auteur donne
quelques explications pour faire mieux comprendre ce
mouvement, puis il ajoute : « Je n'ai pas besoin de rappeler que, pendant toute la durée de ce travail, comme
toujours, du reste, l'encolure doit demeurer souple et
légère, la tête *ramenée* et la mâchoire mobile. Tandis
que la main de la bride le maintient dans cette bonne
position, la main droite, à l'aide du bridon, combat
les résistances latérales et détermine les inclinaisons
diverses, jusqu'à ce que le cheval soit assez bien
dressé pour obéir à une simple pression du mors. Si,
en combattant la contraction de la croupe, nous per-
mettions au cheval d'en rejeter la raideur sur l'avant-
main, nos efforts seraient vains et le fruit de nos
travaux perdu. Nous faciliterons, au contraire, l'assujettissement de l'arrière-main en conservant les avan-

tages que nous avons déjà acquis sur l'avant-main, en forçant à rester isolées les contractions que nous avons encore à combattre. La jambe du cavalier, opposée à celle qui détermine la rotation de la croupe, ne doit pas demeurer éloignée durant le mouvement, mais rester près du cheval et le contenir en place, en donnant d'arrière en avant une impulsion que l'autre jambe communique de droite à gauche ou de gauche à droite. Il y aura ainsi une force qui maintiendra le cheval en position et une autre qui déterminera la rotation. Pour que la pression des deux jambes ne se contrarie pas, et, pour arriver de suite à s'en servir avec ensemble, on placera la jambe chargée de chasser la croupe plus en arrière des sangles que l'autre qui restera soutenue avec une force égale à celle de la jambe déterminante. Alors l'action des jambes sera distincte; l'une portera de droite à gauche et l'autre d'arrière en avant. C'est à l'aide de cette dernière que la main place et fixe les jambes de devant. Afin d'accélérer les résultats, on pourra, dans le commencement, s'adjoindre un second cavalier qui se placera à hauteur de la tête du cheval, tenant les rênes de la bride dans la main droite du côté opposé à celui où se portera la croupe. Celui-ci saisira les rênes à seize centimètres des branches du mors, afin d'être à même de combattre les résistances instinctives de l'animal. L'écuyer qui est en selle se contentera alors de soutenir légèrement les rênes du bridon, en agissant avec les jambes, comme il a été indiqué. Bien

que ce travail soit élémentaire, il conduira le cheval
à exécuter facilement au pas tous les airs de manège
de deux pistes. Lorsque le cavalier aura habitué la
croupe du cheval à céder complètement à la pression
des jambes, il sera maître de la mobiliser ou de l'immobiliser à volonté et pourra par conséquent exécuter
les pirouettes ordinaires. »

Si je me suis un peu plus étendu sur le système
de M. Baucher que sur celui du comte d'Aure, c'est
que, par ses assouplissements, M. Baucher a démontré
une fois de plus que l'équitation, au lieu d'être une
science instinctive, était une science positive repo-
sant sur des règles mathématiques qu'on n'est pas
maître de changer, qu'il faut suivre de point en point
sous peine de s'égarer.

Ces règles sont invariables et applicables à tous les
chevaux.

Il existe chez le cheval deux moteurs principaux
qui sont en lutte perpétuelle. Il suffit, pour équilibrer
le cheval, d'établir l'harmonie entre les forces de ces
moteurs, de façon à ce que le cavalier, en les réunis-
sant au centre de gravité, puisse les gouverner à son
gré.

Pour obtenir ce résultat, il faut s'emparer de toutes
les forces instinctives de l'animal, et on n'y parvient
que par les assouplissements. On livre ainsi à la dis-
crétion de l'homme tous les ressorts de l'animal, et
lorsque le cheval est devenu assez souple, assez docile
pour exécuter sans souffrance les mouvements que le

cavalier lui demande, il ne songe plus à entamer une lutte inutile.

Si le cavalier l'emporte en dehors de ces principes, son triomphe n'aura lieu qu'au détriment des points d'appui du cheval; il sera incomplet et momentané, car les forces de l'animal, comprimées violemment et sans préparation, retrouveront à l'improviste leur énergie pour recommencer la lutte.

Pour qu'un chauffeur soit maître de son générateur, il faut qu'il connaisse le degré de force que le générateur peut supporter, afin qu'il règle en conséquence les mouvements de ses machines. Il en est de même pour le cavalier et le cheval, machine en quelque sorte que l'on chauffe à volonté; et, comme il a fallu des règles mathématiques pour établir la machine du mécanicien et en tirer parti, ne nous étonnons pas s'il en faut aussi pour faire jouer le mécanisme du cheval.

LES FORCES MÉCANIQUES DU CHEVAL

L'équitation est soumise à des lois immuables d'équilibre et de pesanteur déterminées par les forces du cheval — ces forces sont matérielles, physiques et morales.

Forces matérielles. — Un cheval pèse quatre à cinq cents kilogrammes, suivant sa taille et sa race. Ce poids est réparti sur ses quatre membres, également par bipèdes. Les membres sont donc les pilliers de l'édifice. Le corps du cavalier, soixante à soixante-dix kilo-

grammes, doit se lier le plus intimement possible à lui
pour éviter toute gêne venant d'un à-coup.

Le cavalier s'empare des forces matérielles par leur
mise en équilibre, d'où la *nécessité de rassembler* le
cheval. Le cheval rassemblé a son centre de gravité
entre les mains et les jambes du cavalier. Ce centre
de gravité sera l'axe de la balance dont les fléaux
seront les deux bipèdes — alors il suffira de la moindre
force transmise pour faire varier la balance, c'est-à-dire
engager le cheval dans tel ou tel mouvement.

Un cheval, pour être rassemblé, doit avoir la tête
perpendiculaire au sol ; l'encolure, par son élévation,
s'en rapprochant aussi le plus possible. Cette position
nous donne la légèreté, puisque la mécanique nous
apprend qu'à égalité de poids la perpendiculaire au
sol l'emporte sur la parallèle.

Plus loin, je reparlerai de la grâce et de la facilité
de conduite que donne cette position.

Mais le poids de la tête et de l'encolure que nous
avons diminué se retrouve dans les épaules qu'il
charge. Là, il se rapproche du centre de gravité,
c'est-à-dire de la main du cavalier.

Avec les rênes, le cavalier décharge l'avant-main du
cheval au profit de l'arrière-main.

Avec les jambes, il établit l'équilibre entre l'arrière-
main et l'avant-main, en poussant l'arrière-main sur
l'avant-main.

C'est alors au cavalier à sentir, par son tact, si son
cheval est équilibré.

Le cheval ainsi placé est dans l'impossibilité physique de se défendre, même de faire un mouvement :
c'est, sur le tapis vert, la bille qui n'a reçu aucune
impulsion.

Moyens pour arriver à la mise en équilibre. — De
même le pianiste fait des gammes avant d'aborder les
grands morceaux, la danseuse des battements et des
changements de pied avant de se lancer sur la scène,
de même le cheval doit avoir toutes les parties de sa
charpente souples pour que son cavalier ne trouve en
lui aucun foyer de résistance. Donc les assouplissements sont indispensables. Ce sera le commencement
du dressage, et chaque jour, dans le cheval dressé, on
y reviendra. C'est encore au tact de l'écuyer qu'est
laissé le choix de l'assouplissement qui doit être préféré à tel autre, l'insistance sur tel en tel mouvement,
le degré d'assouplissement qu'il faut obtenir, etc. Une
fois le cheval assoupli dans sa mâchoire, son encolure,
son avant-main, son arrière-main, le cavalier lui fera
prendre la position qu'il veut, celle de l'équilibre sur
lui-même.

FORCE PHYSIQUE

La force physique du cheval est variable suivant sa
charpente, la puissance de ses articulations, les angles
qu'elles forment. Cette force, répartie dans tout le
corps, a comme siège particulier les jarrets qui s'arc-
boutent au sol et donnent l'impulsion.

La science nous démontre qu'au plus grand angle

est joint la plus grande force, l'obtus plus difficile à former que l'aigu. Donc, plus l'angle formé par l'encolure et la tête sera petit (sans exagération s'entend), plus la traction opérée par le cavalier sera sentie par l'animal.

Nous savans aussi que plus les angles sont accentués et plus les muscles, qui y sont attachés comme sur des poulies, ont de force pour faire mouvoir les membres qu'il commandent; de là la nécessité d'engager les membres postérieurs sous le corps. Ainsi, plus les jointures des jarrets seront coudées, plus nous aurons de force et de souplesse. Plus il y aura d'impulsion donnée par les jarrets, plus l'avant-main contenu par les rênes s'enlèvera et se détachera du sol.

FORCE MORALE

L'énergie du cheval provient de son tempérament, il l'emploie selon la confiance qu'il a dans son cavalier.

Nous avons vu que le cheval mis en équilibre est mécaniquement mis à la merci ou dans la main de celui qui le monte, il importe alors de lui faire comprendre peu à peu le mouvement qu'on exige de lui.

L'équilibre étant rompu par les aides, les mains ou les jambes, le cheval prendra forcément la position que la loi de pesanteur lui prescrit. Quand il sera devenu familier avec les aides et avec les diverses positions qu'elles indiquent, alors, en y mettant plus de franchise, il travaillera avec noblesse et élégance.

Les aides agissent sur les muscles du cheval d'une façon unique par la pression. Ces muscles transmettent alors la pression directement ou indirectement à la partie du corps du cheval qu'ils commandent.

Toute pression sur un muscle détermine une contraction; or, la contraction n'est pas naturelle et est fatigante, elle est donc suivie immédiatement d'un relâchement général, c'est-à-dire d'un abandon de tout ou partie du corps dans la position commandée par l'équilibre. Quand le cheval qui, comme tout animal, est ennemi de toute fatigue, saura que telle pression est faite pour lui commander tel ou tel mouvement, il obéira de suite en contractant le moins possible ses muscles. La pression ne lui servant que d'avertissement, comme le coup de cloche au portier.

Pour arriver promptement à ce point de dressage, il faut que l'élève soit en confiance avec son maître, qu'il se donne entièrement à lui sans restriction; pour cela, il faut qu'il soit amené progressivement et sans à-coup aux choses les plus difficiles. Demander peu mais exiger, ne jamais céder, voilà la clef de tout dressage.

Quand le cavalier saura faire exécuter passivement et immédiatement ses ordres, ce sera à son intelligence de faire ses demandes et à son adresse à se faire obéir.

Le cheval, par son équilibre, n'étant pas gêné par ses mouvements, obéissant à la main de son cavalier, exécutera les mouvements qui semblent les plus compliqués et les plus extraordinaires.

LE CHEVAL DANS SES DÉFENSES

J'ai dit qu'en assouplissant les différentes parties du corps du cheval le cavalier les mettait en équilibre les unes avec les autres, et qu'il fallait une force nouvelle pour varier ou pour détruire cette harmonie. Cette force, le cheval la prend à cause de sa conformation mauvaise, ou pour se soustraire aux exigences trop excessives de son maître. Mais par son dressage recevant directement les actions de son cavalier, il est vite remis en équilibre et, alors, dans l'impossibilité de prolonger ses défenses et d'être dangereux.

Le poulain ne naît pas vicieux, il le devient devant le service qu'on lui impose, et ses défenses sont d'autant plus sérieuses qu'il a plus de force et plus d'ascendant sur celui qui le mène.

Le cheval peureux est myope généralement ; il est effrayé des objets qu'il ne distingue pas ; ou bien il n'a pas l'habitude de voir telle ou telle chose, et il craint une surprise. Pour les deux cas, mettez le cheval en confiance par votre voix douce mais assurée.

Dans la pointe, le cheval déplace tout le poids de son corps sur son arrière-main ; un coup de cravache sur cette partie amènera une diversion en faisant se contracter les muscles de la croupe et rétablira l'équilibre de l'arrière-main à l'avant-main.

Pour la ruade, mêmes principes, inversement établis, une saccade de filet fera relever la tête et fera refouler une partie du poids sur l'arrière-main.

L'immobilité se place ici. Voyant que les deux dernières défenses n'amènent aucun résultat, l'animal oppose la force d'inertie. Défense la plus dangereuse.

A tout prix, sans frapper, autant que possible, il faut obtenir le mouvement en avant. Généralement, tant il est vrai que l'équilibre est grand, chez le cheval rassemblé, il n'y a que le pousser de la main sur l'encolure.

La désespérade est permise seulement aux chevaux mal assouplis d'encolure, ils résistent aux rênes et se précipitent n'importe où, mettant tout instinct de côté. Le remède s'indique, assouplir l'encolure pour mettre le cheval dans l'obligation de répondre à la main du cavalier.

Par suite de mauvaise volonté évidente, le cavalier doit recourir au châtiment. Sans se laisser aller à la colère, qu'il frappe de la cravache d'une main ferme. Puis, après avoir calmé l'animal, qu'il renouvelle sa demande en l'atténuant un peu.

Le cheval, ayant compris que ses défenses ne servent à rien qu'à augmenter sa peine en faisant naître une nouvelle dépense de ses forces, voyant qu'il est toujours obligé d'exécuter, tôt ou tard, ce qu'on lui commande, obéira et, au bout de peu de jours, n'essaiera même plus de résister.

DES ATTAQUES

L'attaque est un mouvement brusque et rude, toujours considéré par celui qui le reçoit comme un châtiment.

Le cavalier se sert des attaques dans deux cas : soit qu'il veuille infliger une correction à son cheval devant une mauvaise volonté évidente, soit qu'il veuille le rappeler à une obéissance plus passive.

Dans le premier cas, le cavalier se sert des moyens de châtiment qu'il a en son pouvoir : cravache, éperons, en proportionnant le châtiment à la faute. Il doit éviter sur la bouche les à-coups qui en détruiraient la sensibilité. Toutefois, s'il y a lutte, il doit, par tous les moyens possibles, en sortir vainqueur.

L'attaque employée pour le cheval dressé est une exagération des aides qui doivent déterminer tel ou tel mouvement. C'est un châtiment donné à sa mollesse, non à sa mauvaise volonté.

Au cavalier, par son tact, à savoir limiter le degré d'impulsion qu'il communique pour ne pas arriver à produire une défense ou un mouvement désordonné qui l'entraînerait loin de ce qu'il demandait. Ce qui est essentiel, en outre, c'est que les moyens d'action n'offrent jamais rien de contradictoire, chose qui simplifie beaucoup leur emploi. De plus, il est nécessaire de rendre le jeune cheval confiant, de s'adresser toujours à son intelligence et d'obtenir, au début, la plus grande franchise d'impulsion.

La chose donc la plus importante au début du dressage, c'est de mettre le cheval en confiance, car le *cheval moral est tout*. Aussi, ne doit-on lui inspirer de la crainte que lorsqu'il s'agit d'un mauvais vouloir manifeste, non légitimé ; d'une résistance *préméditée*, en un mot. Cela implique, tout naturellement, que la correction ne doit jamais être employée, quand on a affaire à de simples résistances instinctives, lesquelles ont pour cause, en général, un manque de gradation dans l'emploi des moyens dont on se sert, moyens d'action qui, trop souvent, causent au sujet une certaine gêne ou provoquent sa crainte.

L'animal mis en confiance devient tout naturellement attentif, on le comprend ; il se rend donc mieux compte de nos exigences et, par cela même, s'y soumet plus facilement.

Maintenant, au point de vue véritablement pratique, il faut bien se convaincre d'une chose, c'est que le cheval de selle le mieux dressé, pour l'emploi ordinaire, est celui sur lequel le premier cavalier venu, pourvu qu'il soit maître de ses moyens d'action et sache les employer à peu près convenablement, peut obtenir à volonté le pas, le trot et le galop sur un pied déterminé ; déterminer, activer et ralentir les allures avec facilité, et changer de direction sans résistances bien appréciables, tout en se servant d'une seule main et des rênes de bride ; ce qui est une nécessité de l'équitation militaire.

Ce qu'on ne doit jamais oublier, c'est qu'un cheval

mis en confiance, qui se rend bien compte des exigences de celui qui le monte et y répond avec calme,
prend naturellement dans toutes les allures, dans tous
les mouvements qu'on lui demande, la position de
tête et, conséquemment, l'équilibre qui convient le
mieux à ces allures, à ces mouvements.

BAUCHER ET LE COMTE D'AURE

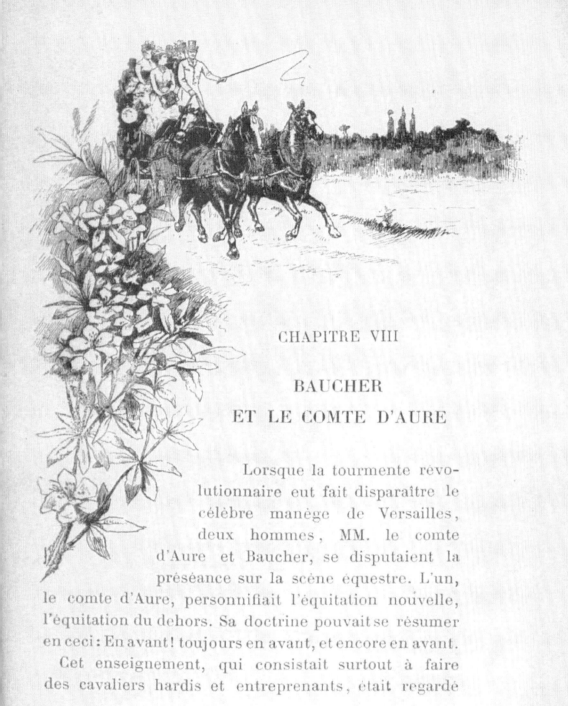

CHAPITRE VIII

BAUCHER
ET LE COMTE D'AURE

Lorsque la tourmente révo-
lutionnaire eut fait disparaître le
célèbre manège de Versailles,
deux hommes, MM. le comte
d'Aure et Baucher, se disputaient la
préséance sur la scène équestre. L'un,
le comte d'Aure, personnifiait l'équitation nouvelle,
l'équitation du dehors. Sa doctrine pouvait se résumer
en ceci : En avant! toujours en avant, et encore en avant.
Cet enseignement, qui consistait surtout à faire
des cavaliers hardis et entreprenants, était regardé

par le monde équestre de l'époque comme suffisant, car il apprenait à l'homme du monde à se
servir avec audace d'un cheval par tous pays. Et il
faut bien le dire, M. le comte d'Aure, qui était un
praticien hors ligne, avait imposé son système par
son tact et sa puissance à cheval.

L'autre, M. Baucher, le maître des maîtres en équitation savante, personnifiait le manège, c'est-à-dire
la haute école. Sa méthode nette, précise, claire, peut
se définir ainsi : Le cheval étant assoupli, placé, léger,
et supportant les attaques, concentrer toutes les
forces de l'animal entre les jambes du cavalier qui,
dès lors, ayant toutes ses forces transmises à sa disposition, en règle le jeu à son gré.

La méthode Baucher est incontestablement celle qui
laissera le plus de traces dans la pratique équestre.
Quant à l'habileté de l'homme, elle était sans égale,
et c'est à ces merveilleux tours de force équestres,
presque inimitables, que Baucher dut, lui l'homme
parti d'une position infime, de pouvoir faire mettre
en question la supériorité du comte d'Aure. Réunir
ces deux célébrités équestres était une tâche fort
difficile, car lorsque des rivalités de position, de talent
séparent les hommes ; lorsque surtout, avec des idées
divergentes, ils se regardent comme des maîtres, ont
leur école et se disputent pour ainsi dire les faveurs
du public, ils restent fatalement séparés et ennemis.
C'est ce qui a fait dire que MM. le comte d'Aure et
Baucher ne s'étaient jamais rencontrés, qu'ils ne se

connaissaient pas, et qu'ils ne s'étaient même jamais
vus. C'est là une erreur qu'il importe de rectifier,
attendu que M. Maxime Gaussen, mort aujourd'hui,
et qui a été une de nos célébrités équestres, a mis
en présence ces deux grands écuyers.

L'entrevue, qui remonte à une quarantaine d'années environ, n'a pas été très longue ; elle eut lieu
au manège de la rue Duphot, dirigé alors par M. le
comte d'Aure. Les incidents qui se produisirent à ce
sujet et qui séparèrent à tout jamais ces deux illus-
trations de l'art équestre sont assez curieux pour être
racontés ; et si aujourd'hui je peux retracer cette
scène qui révolutionna, à l'époque, tout le monde
équestre, c'est grâce aux notes que mon regretté ami
M. Gaussen a bien voulu me laisser.

Si l'ancien écuyer cavalcadour du roi Charles X
était un homme de cheval incomparable, c'était en
revanche un piètre homme d'affaires. Néanmoins,
cela ne l'empêchait pas de s'occuper de la direction
de son manège et de tout ce qui s'y rattachait, c'est
grâce à cela du reste que M. Gaussen put le faire
connaître à M. Baucher qui, je dois le dire, s'il éprou-
vait le désir de connaître le dernier écuyer de Versailles, n'en avait jamais parlé à aucun de ses disciples.
Il fallait donc pour arriver à ce but agir avec beaucoup de prudence et d'habileté. Le hasard, ce grand
maître en toutes choses, servit M. Gaussen mieux que
n'importe quoi.

Rencontrant un jour M. le comte d'Aure à Tor-

toni, il vint sur son invitation s'asseoir à côté de lui.
Après quelques échanges de politesse, M le comte
d'Aure, qui connaissait sur le bout des doigts le
monde équestre de Paris, et qui savait que M. Gaussen était un des meilleurs élèves de Baucher, ne tarda
pas à lui parler de son maître. Tout en lui en parlant
en termes assez élogieux, il laissait voir cependant
qu'il le connaissait très mal.

M. Gaussen, saisissant la balle au bond, lui répondit immédiatement : « Mon cher et illustre maître,
vous ne connaissez pas M. Baucher. Il n'obtient pas,
comme vous semblez le croire, les résultats dont vous
avez entendu parler en choisissant ses sujets, croyez-
le bien, et n'a pas plus de patience en réalité que le
commun des martyrs. Mais il possède une méthode
très ingénieuse, de nouveaux moyens d'action très
puissants, et c'est ce qui lui fait obtenir des choses si
extraordinaires. Il est bien regrettable que vous n'ayez
pas eu l'occasion de le voir, de causer avec lui, vous
auriez une tout autre opinion de l'homme. » Et dans
l'intérêt de l'art équestre pour lequel, en vrai disciple
de Baucher, il était passionné, il proposa à M. le
comte d'Aure de lui fournir l'occasion de voir M. Baucher, de causer avec lui. — « Baucher, ajouta-t-il,
cherche en ce moment un cheval un peu distingué
et pas trop cher, pour en faire un cheval de cirque.
Avez-vous quelque chose à lui proposer ? »

M. le comte d'Aure, qui aimait assez ce genre
d'opération, s'empressa de se mettre à la disposition

de M. Baucher, d'autant plus qu'il avait justement
une jument très distinguée, d'un prix fort raison-
nable, qui pourrait certainement faire l'affaire.

Comme il faut battre le fer pendant qu'il est chaud,
M. Gaussen s'empressa de prendre rendez-vous pour
le lendemain au manège de la rue Duphot.

M. Baucher, on le sait, était d'une nature très fière,
très susceptible et très ombrageuse, et il ne faisait
pas volontiers des avances.

Éprouvant de grandes difficultés à se faire reconnaître comme un maître, à voir triompher ses mer-
veilleuses idées, il se croyait méconnu. Du reste, ses
affirmations un peu tranchantes, un peu hautaines,
lui avaient attiré beaucoup de contradicteurs ; et
cependant, l'opposition que faisait à ses doctrines la
plus grande partie du monde équestre officiel, surtout,
était beaucoup plus instinctive que raisonnée, si je
puis m'exprimer ainsi ; car, après tout, malgré les
côtés vulnérables de son système, tel qu'il était formulé alors, personne n'eût été capable d'en bien faire
saisir les points faibles. Et cela tant à cause de la pro-
digieuse habileté de l'homme que des étonnants
résultats qu'il obtenait. Quoi qu'il en soit, la situation
conquise par M. d'Aure, sa grande réputation occupaient l'esprit de M. Baucher, qui sentait très bien
qu'il fallait compter avec un tel adversaire.

De là devait tout naturellement naître chez lui le
désir de le voir de près, de pouvoir en quelque sorte
toiser l'homme, et peut-être même l'espérance secrète

de lui faire comprendre et accepter ses doctrines. Aussi M. Gaussen n'hésita pas à aller droit au but en lui disant que le comte d'Aure, qu'il avait vu la veille, ne serait pas fâché de faire sa connaissance. Une occasion se présente, du reste : « il a, dit-il, à vendre un cheval qui pourrait vous convenir, et si vous le voulez voir, il sera très heureux de saisir cette occasion pour causer avec vous. » M. Baucher accepta le rendez-vous et, le lendemain, à l'heure dite, M. Baucher, accompagné de M. Gaussen, se présentait au manège de la rue Duphot.

Deux minutes après son entrée dans le manège, un palefrenier entr'ouvrait la lourde porte qui existe encore, et M. le comte d'Aure parut. M. Baucher fit quelques pas au-devant de lui, et les deux célèbres hommes de cheval échangèrent leurs politesses en se donnant une cordiale poignée de mains. Leurs paroles furent à peu près les mêmes : ils avaient trop entendu parler l'un de l'autre pour ne pas désirer se rencontrer. Puis M. d'Auré dit gracieusement à M. Baucher : « J'ai su par M. Gaussen que vous cherchiez un cheval d'école, et j'ai ici une jolie jument, d'un prix abordable, qui pourrait vous convenir. » Et sur le désir qu'exprima ce dernier de la voir, M. d'Aure donna l'ordre de brider la bête en question. Peu de moments après, une assez jolie jument baie-brune fut amenée dans le manège, et M. d'Aure en fit remarquer à son célèbre visiteur l'élégante construction. Puis, après l'avoir fait mettre au pas et au trot, il pria M. Baucher de la monter en lui disant : « La bête ne sait rien, je n'ai pas eu le temps de m'en occuper, mais elle est très sage. » Et il insista même beaucoup pour que M. Baucher la montât. Ce dernier s'en défendit en disant qu'il n'était pas costumé pour cela ; que du reste il serait désireux de voir M. d'Aure à cheval, si toutefois ce dernier voulait être assez aimable pour monter cette jument devant lui. A son tour, M. d'Aure objecta que depuis quelques jours il ne montait pas à cheval ; qu'il avait quelque chose *là*, et il désignait ses aines, qui le faisait souffrir un peu, etc., etc. Mais son interlocuteur insista tellement, que l'ancien écuyer cavalcadour du roi Charles X envoya seller sa jument en demandant sa cravache.

Un instant après, la jument toute sellée et tenue en bride fut amenée dans le manège. A un certain mouvement de la queue, il n'était pas difficile à un œil exercé de reconnaître que la bête était un sujet difficile et irritable.

M. le comte d'Aure, toujours correct, engagea de nouveau M. Baucher à monter la jument ; sur son nouveau refus, il se décida à se mettre en selle avec l'aisance qui ne l'abandonnait jamais.

Sans être aussi beau cavalier que M. de la Guérinière, l'ancien écuyer de Versailles était superbe à cheval et les plus difficiles s'accordaient à dire que sa position était parfaite, on sentait qu'il était toujours prêt à employer énergiquement ses aides.

Après avoir fait au pas plusieurs fois le tour du

manège, il partit au trot, les rènes presque flottantes.
Néanmoins, pour un observateur attentif, il était facile
de voir qu'une légère élévation de la main et une
action adroitement dissimulée des jambes entrete-
naient une certaine énergie factice dans l'allure.
Enfin, après un nouveau changement de main des
deux pistes, assez incorrect cette fois, car on sentait
que l'animal n'était nullement préparé pour ce travail,
M. d'Aure mit la jument au galop sur le pied droit
par un temps de main et de jambes bien saisi ; puis,
après avoir fait un tour de manège à cette allure, il
entra dans le changement de main, et au moment où
la bête arrivait sur la piste opposée, il la surprit par
une opposition vigoureuse de mains et de jambes,
aidée probablement d'un appui de l'éperon droit, et
lui arracha, on peut dire, un changement de pied en
l'air un peu brusqué.

Mais déjà le *fouaillement* de queue de la bête indi-
quait qu'elle ne se soumettait qu'avec peine à de
semblables épreuves.

Du reste, il faut le dire, le changement de pied en
l'air ne s'était pas fait, à beaucoup près, droit
d'épaules et de hanches ; aussi le cavalier en essaya-
t-il un nouveau, qu'il obtint avec plus de difficulté
encore. Il aurait fallu en rester là ; mais le brillant
cavalier de Versailles, confiant dans son énergie et
son à-propos, et sentant qu'il était devant un juge
sérieux, voulait probablement finir sur un changement
de pied passable ; or, il tenta un troisième en arrivant

du côté de la porte du manège, porte qui n'était qu'imparfaitement fermée. Là, la jument se laissa retomber sur ses quatre jambes comme pour reprendre des forces, et avec la rapidité de l'éclair pointa de nouveau ; puis, arrivée presque sur la porte, elle l'entr'ouvrit d'autorité et elle disparut avec son cavalier dans le vestibule qui conduisait à la cour.

Quant à Baucher, resté immobile près des piliers du manège, il paraissait attendre avec calme le dénouement de cette scène.

Quelques instants s'étaient à peine écoulés que la porte du manège s'ouvrait toute grande pour laisser passer la jument qui rentrait par bonds.

M. le comte d'Aure, dont la tenue à cheval était irréprochable, était furieux et, de sa voix menaçante, on l'entendait disant : « A-t-on jamais vu ! Cette *piaule !* C'est la première fois que cela lui arrive ! »

Un léger sourire d'incrédulité, réprimé à l'instant même, vint illuminer la physionomie de Baucher jusqu'alors impassible.

Enfin, deux ou trois secondes après sa rentrée dans le manège, le comte d'Aure, les reins soutenus, les jambes serrées comme s'il voulait étouffer sa monture, prenait au galop accéléré un changement de main dans le fond du manège, et le changement de pied en l'air s'exécuta cette fois-ci tant bien que mal à une allure très vive. La puissance à cheval du cavalier, son énergie, son à-propos triomphèrent des restrictions de la jument qui commençait à se couvrir de sueur, et dont les mouvements de queue devenaient de plus en plus convulsifs.

Mais, en arrivant du côté de la porte, à la suite d'un nouveau changement de main, et là où ce mouvement en question allait être exigé, la jument commença à se ralentir, et malgré un appui très énergique de l'éperon, elle s'arrêta court, recommença à pointer, et, marchant de nouveau sur ses pieds de derrière pendant quatre ou cinq mètres, elle alla retomber encore auprès de la porte, s'enleva droite comme un I et appuyant cette fois-ci ses pieds de devant presque vers le haut de cette porte toujours insuffisamment fermée sans doute, elle la força derechef à s'ouvrir assez largement, et emmena pour la seconde fois son puissant cavalier dans la cour.

Une lutte s'engagea alors entre M. d'Aure et le cheval, et pendant un instant le bruit violent des fers de la jument éraillant le pavé, le tout entremêlé d'intonations brusques de la voix de M. d'Aure. La lutte fut longue, fort longue même, la jument ne voulait ni avancer, ni reculer, elle se contentait de s'enlever sur place et ses bonds étaient d'une violence extrême.

M. d'Aure, toujours maître de lui, ne bougeait pas, il semblait ne faire qu'un avec sa monture. Enfin il finit par la porter en avant et la faire rentrer de nouveau dans le manège où elle arriva par bonds saccadés et violents, les oreilles couchées, les yeux hagards et comme injectés de sang, son corps mouillé et luisant comme si elle sortait d'une rivière. L'animal paraissait plein d'une colère impuissante, et son terrible cavalier, sans lui laisser le temps de reprendre haleine, la maintient au galop accéléré et vient prendre un changement de main, suivi d'un changement de pied, à la place même où s'étaient manifestées ses deux défenses.

Cette fois-ci ce mouvement s'exécuta à peu près correctement, mais avec violence. Évidemment l'animal, complètement désorienté, ne savait plus comment se défendre. M. d'Aure, l'arrêtant peu après, lui fit exécuter avec brusquerie un quart de volte pour arriver devant M. Baucher; auquel il dit avec la plus entière bonne foi : « Je vous assure que c'est la première fois que cette *piaule* fait une chose semblable. »

A cela M. Baucher répondit assez froidement : « Pour la première fois qu'elle se défend, elle ne s'y prend pas vraiment trop mal; on serait tenté de croire qu'elle connaît son affaire. Elle est trop difficile, et comme je ne veux plus entreprendre qu'un cheval d'un bon caractère, elle ne me va pas. »

M. d'Aure mit pied à terre avec la plus grande aisance, et après avoir échangé quelques politesses et une poignée de mains plus cérémonieuse qu'au début, ces deux remarquables écuyers se séparèrent pour ne plus jamais se revoir. Et lorsqu'on parlait à

Baucher du directeur du manège de la rue Duphot, il ne pouvait pas s'empêcher de dire d'un ton assez sec : « C'est un massacre, cet homme-là, et de plus un maquignon, je le croyais tout autre. »

LA LOCOMOTION

LE CAPITAINE RAABE

CHAPITRE IX

LA LOCOMOTION

Le capitaine Raabe.

Le capitaine Raabe fut tout d'abord un disciple de Baucher ; mais si, comme point de départ, il s'inspira des
doctrines de ce célèbre écuyer, il ne tarda pas à devenir
un dissident, avant d'être à son tour chef d'école.

La généralité des cavaliers, observateurs superficiels
pour la plupart, croient de très bonne foi que l'œuvre
des deux maîtres, qu'ils se sont bien gardés d'approfondir, se ressemble dans les grandes lignes, et le
comité de cavalerie lui-même, partageant leur erreur, a

rejeté les doctrines de Raabe, sous prétexte qu'elles déri-
vaient du système Baucher, *déjà condamné*, ajoutait-il.

De pareilles allégations feraient sourire, s'il n'était
profondément regrettable de voir traiter avec autant
de légèreté des sujets aussi sérieux.

Loin de dériver du système Baucher *déjà condamné*,
l'œuvre de Raabe en diffère complètement.

Raabe n'est entièrement d'accord avec Baucher que
sur un seul point, celui d'avoir le cheval placé et en
main à toutes les allures lentes ou normales. On peut
ajouter que, sous ce rapport, il se trouve aussi en con-
cordance d'idées avec le comité de cavalerie qui, théo-
riquement, veut que le cheval, à ces allures, soit
placé et en main. Je n'oserai dire qu'il en est de même
dans la pratique.

Quant à l'éperon, Baucher et Raabe estiment qu'il
est le moyen de domination par excellence, mais chacun d'eux comprend son emploi d'une façon différente.

D'après Baucher, les jambes et par suite les éperons
doivent agir sur les flancs du cheval à une place à
peu près invariable ; selon Raabe, l'action des éperons
doit se faire sentir à trois places distinctes :

1° Immédiatement derrière les sangles, c'est-à-dire
sur le diaphragme ;

2° Loin des sangles ;

3° Entre ces deux points extrêmes.

Appliqués immédiatement derrière les sangles, les
éperons provoquent le ramener, la mise en main, le
ralentissement, l'arrêt, l'immobilité et le reculer

ou, quand il y a une opposition plus ou moins grande de la main, un rassembler plus ou moins complet.

Agissant à une place intermédiaire entre les deux premières, les éperons permettent de conserver la mise en main à toutes les allures normales.

Cet emploi de l'éperon est lui-même nuancé de la façon suivante :

« L'éperon, dit Raabe, touche, presse ou pince, suivant le cas. »

Comme aide simple, augmentant simplement la puissance des jambes, l'éperon touche ;

Loin des sangles, les éperons déterminent l'impulsion.

Comme aide et châtiment modéré, l'éperon presse ;

Comme aide et châtiment violent, l'éperon pince.

Par cet exposé sommaire, on peut juger de la différence des méthodes ; on en jugera bien davantage dans les lignes qui vont suivre.

En résumé, pour nous en tenir à l'emploi pur et simple de l'éperon, Baucher assigne à ses jambes une place à peu près invariable, tandis que Raabe en enseigne trois, visant chacune un résultat différent.

Il suit de là que l'emploi de la méthode Baucher exige un tact et une précision admirables pour nuancer les demandes et les rendre intelligibles pour le cheval, tandis que l'emploi des procédés de Raabe, simples et surtout rationnels, permet à tous les cavaliers de faire des demandes claires et précises et au cheval de les comprendre.

La preuve en est dans les nombreux mécomptes

qu'ont éprouvés les partisans de Baucher. A part quelques individualités exceptionnellement douées, la généralité de ses disciples ont fait fausse route, le maître n'ayant pu communiquer à ses élèves ce merveilleux sens équestre qu'il possédait à un si haut degré.

Que de fois n'a-t-on pas vu de ces chevaux soidisant bauchérisés, refusant de se porter en avant à l'approche des jambes et s'obstinant à mâcher leur mors ?

Rien de pareil chez les disciples de Raabe ; les éperons agissant aux trois places qu'il indique, les cavaliers font toujours des demandes intelligibles et les chevaux obéissent toujours.

De même que dans le travail à cheval, les procédés de dressage des deux maîtres diffèrent dans le travail à pied.

Baucher se contente d'assouplir le cheval, non monté et en place, par des flexions de la mâchoire et de l'encolure, qui s'obtiennent au moyen des rênes; Raabe assouplit le cheval en place et au pas, par rênes et cravache.

Cette adjonction de la cravache aux rênes avait paru nécessaire à Raabe, à la suite de la remarque qu'il avait faite que le cheval, obéissant en place aux seules indications des rênes, sortait de la main dès qu'on le portait en avant.

Et il avait été amené à conclure que les rênes étaient des aides secondaires, plutôt faites pour donner des indications que pour imposer l'exécution et qu'une aide complémentaire, comportant au besoin le châtiment, s'imposait. Il la trouva dans la cravache qui, dans le travail à pied, est l'équivalent des jambes et des éperons.

Une longue pratique a démontré que c'est seulement par l'emploi simultané des rênes et de la cravache, agissant : les premières, comme aides simples, la seconde, comme aide et châtiment, qu'on obtient l'obéissance complète du cheval, aussi bien en place qu'au pas.

Mais ce qui différencie le plus l'œuvre des deux maîtres, c'est que celle de Raabe est avant tout étayée sur des bases rigoureusement scientifiques, tandis que celle de Baucher est toute de tact et d'art.

Doué de ce tact merveilleux, qui est la pierre de touche des véritables écuyers, Baucher percevait et donnait empiriquement des impressions et des actions, tandis que Raabe rechercha surtout par quel ensemble de moyens on pouvait les systématiser.

Comme conséquence, ses recherches portèrent sur l'analyse des allures. D'instinct, il avait trouvé la vraie voie. Cinquante années de sa vie furent consacrées à l'étude des allures et c'est grâce à ses merveilleux travaux sur la locomotion que l'équitation, attardée depuis des siècles dans l'empirisme, passa définitivement dans le domaine de la science.

Bien avant l'emploi de la méthode graphique et la découverte de la photographie instantanée, Raabe, à la suite de patientes recherches, avait précisé les lois qui régissent la locomotion du cheval à toutes les allures, marchées ou sautées.

Son ingénieuse théorie des six périodes lui avait permis d'expliquer le mécanisme des membres du cheval à toutes les allures marchées, qui comprennent tous les genres de pas compris entre l'amble et le petit trot, allures marchées extrêmes. Il avait procédé du simple au composé. Il précisa d'abord le rôle mécanique joué par un membre pendant son évolution à l'appui et en l'air, ensuite, le rôle respectif de deux membres congénères, pendant que l'un est en l'air et l'autre à l'appui ; enfin, le jeu d'association des quatre membres pendant l'exécution complète d'un pas de pas.

Sa théorie géniale des vitesses relatives et l'examen du plan de terre lui permirent de déterminer le mécanisme combiné des quatre membres à toutes les allures sautées.

Mais la connaissance des allures n'était pour Raabe que le moyen ; le but ne pourrait être atteint que si l'on arrivait à utiliser cette connaissance des allures pour la bonne conduite du cheval.

Avant Raabe, ce desideratum n'avait été entrevu par aucun écuyer. Ils déclaraient bien tous, La Guérinière en tête, que la connaissance des allures était indispensable pour bien manier le cheval, mais outre qu'ils ne connaissaient qu'imparfaitement le mécanisme des allures, ils ne purent jamais expliquer comment cette connaissance des allures était utilisable.

Nous entrons dans le vif du sujet.

Avec ce génie de l'observation qu'il possédait à un si haut degré, Raabe se rendit facilement compte que l'assiette du cavalier était impressionnée d'une façon spéciale pendant la marche au pas et que ces impressions étaient produites par les appuis des membres antérieurs.

De là à faire des appuis antérieurs la base de toutes les demandes, il n'y avait qu'un pas.

Toutes les fois qu'un membre antérieur tombe à l'appui, l'assiette reçoit une secousse, à l'ischion droit, quand c'est l'antérieur droit qui prend terre, à l'ischion gauche, quand c'est l'antérieur gauche.

Raabe en conclut immédiatement que tous les mouvements vers la gauche, aux trois allures, devaient être provoqués au moment où l'assiette est impressionnée à droite et ceux vers la droite, à l'inverse.

De même, dans le travail des deux pistes, les mouvements vers la gauche ou vers la droite devaient être provoqués ou entretenus d'après les mêmes règles.

S'aidant en même temps de ses remarquables travaux sur la locomotion, Raabe expliqua que les départs au galop à droite ou à gauche, pendant la marche du cheval au pas et au trot, devaient être demandés par le cavalier au moment de l'appui du membre antérieur gauche ou droit, les membres du cheval étant à cet instant précis, dans la position voulue pour l'exécution naturelle de ces mouvements.

Également, les changements de pied, de droite à gauche ou de gauche à droite, pendant la marche au galop, doivent être provoqués au moment du troisième temps, c'est-à-dire à l'instant de l'appui antérieur droit ou gauche.

L'équitation rationnelle était née.

Raabe n'était pas seulement un savant de premier ordre, il était en même temps un grand artiste.

S'il n'a pas atteint à la réputation de ses devanciers, c'est qu'ennemi de la réclame, même la plus légitime, il préféra toujours la retraite aux applaudissements de la foule.

Inclinons-nous devant ce savant modeste, ce penseur profond, qui a droit à l'une des premières places parmi les hommes de cheval illustres.

On cite au premier rang de ses élèves, M. le colonel Bonnal, auteur d'un ouvrage intitulé *Équitation* et M. Étienne Barroil, auteur de l'*Art Équestre*.

DU CAVALIER

DE L'HOMME DE CHEVAL ET DE L'ÉCUYER

CHAPITRE X

DU CAVALIER

DE L'HOMME DE CHEVAL ET DE L'ÉCUYER

Ces trois appellations, qui désignent des hommes montant à cheval à des titres si différents, sont confondues dans le langage vulgaire sous la dénomination générique d'écuyers. Il est pourtant utile qu'au moment où des hommes de l'art s'efforcent à faire renaître en France le goût de l'équitation, chacun soit mis à sa place.

Mais avant d'entrer dans les considérations inhérentes à chacune de ces individualités, il est utile de préciser ce que l'on entend par méthode et par système d'équitation.

Le système consiste dans une série d'actions plus ou moins mal coordonnées au moyen desquelles on dresse un cheval ; le système n'a pas de règles précises ; il est le propre de chaque individu, d'où il résulte qu'un tiers montant différents chevaux est obligé de les étudier, car la conduite de chacun présente pour l'application des moyens des différences sensibles.

La méthode au contraire est précise, les moyens sont progressifs, procèdent du simple au composé et en quelque sorte de A à Z, de façon à établir un alphabet d'actions qui, lorsqu'elles ont été apprises au cheval, le conduisent rapidement à l'obéissance par les combinaisons que sait en faire l'homme qui l'a instruit. Dans de telles conditions, tous les chevaux, quels que soient leur nature, leur caractère et leur disposition, pourront être montés *a priori* par un tiers qui les trouvera tous obéissants aux mêmes actions et avec la même précision.

Est-ce à dire que le cheval de trait commun d'origine, gros et massif, aura la même légèreté, le même tride que le cheval de sang ?

Est-ce qu'en liberté et se livrant à leurs ébats, ils ont l'un et l'autre la même légèreté, la même grâce ? Soutenir, comme on l'a fait, que le cheval commun peut, par le dressage, égaler le cheval de sang, en tant que finesse, légèreté et grâce, est une thèse absurde. Mais ce qui est vrai, indiscutable, c'est que l'un et l'autre de ces types répondront d'une manière identique aux aides d'un cavalier quel qu'il soit.

L'avantage de la méthode sur le système, c'est qu'il n'y a pas d'étude à faire du cheval que l'on

monte et de faire que des chevaux dressés par des
cavaliers différents suivant la méthode, seront tous
obéissants de la même manière pour un tiers l'un
après l'autre. C'est le problème qu'avaient résolu sans
conteste les écuyers de Versailles. Frédéric Grison,
Pluvinel, Pignatelli, de La Broue, etc., n'ont laissé
que des systèmes. Baucher a laissé également une
méthode qui est, sans conteste, aussi claire, aussi
lumineuse que celle de ses devanciers.

Ceci dit, revenons aux appellations dont nous par-
lons plus haut.

Le cavalier est l'homme qui, d'instinct, aime le cheval, le monte avec plus ou moins de tact ou d'énergie, en tire parti sans se rendre compte de ses actions,
mais qu'il ne saurait dresser lui-même.

L'homme de cheval est celui qui a reçu des leçons
suivant les principes d'une méthode plus ou moins
rationnelle, qui aime le cheval pour son dressage,
sait d'où il part et où il veut fatalement arriver par
la progression rigoureuse qu'il suit. L'homme de
cheval a de la hardiesse, de la solidité, du tact et
une grande habitude.

Il est parfaitement assis ; la tête est dégagée des
épaules ; les bras et les coudes ne sont ni trop près
du corps, ni trop écartés ; les jambes tombent sans
raideur ; le pied s'inquiète peu de l'étrier ; les
genoux sont fixes ; il mène son cheval d'aplomb,
à des allures franches et décidées, ne reculant devant aucun obstacle, mais n'y présentant le cheval

qu'après avoir su le disposer à le franchir ; ne prenant sur l'impulsion que ce qu'il faut pour le maintenir d'aplomb. Il est calme dans le dressage des chevaux, ne demandant jamais plus que ce qu'il croit
pouvoir exiger ; hardi et décidé devant une barrière,
un fossé, montant tous les chevaux à première vue et
les conduisant avec tact et adresse. Il peut franchir
toutes les difficultés et exécuter avec une parfaite
précision les mouvements les plus compliqués de la
haute école ; mais là s'arrête le talent déjà si grand
de l'homme de cheval. Il est lui et ne sait pas transmettre ce qu'il fait si bien.

L'écuyer est l'homme qui, doué des mêmes qualités que l'homme de cheval, possède de plus l'esprit de l'étude et de l'observation, il est la personnifi-
cation la plus complète et la plus haute de la science ;
il résume en lui la théorie et la pratique. Pour être
écuyer, il ne suffit pas de monter parfaitement à
cheval, il faut suivre des cours, et être en état d'enseigner à son tour. L'écuyer est l'homme qui se
rend compte du pourquoi de chaque chose, qui sait
formuler en termes clairs, nets et précis toutes ses
impressions, sait les rendre attrayantes pour ses élèves et sait aussi leur infuser l'amour de l'art. Celui-là
seul qui sait transmettre par écrit ou verbalement tous
les secrets de l'équitation et qui forme des élèves
sachant comme lui et pouvant aussi transmettre à
leur tour est digne du titre d'écuyer.

Aussi le Gouvernement commet-il une faute énorme

en laissant dans l'oubli ceux qui seuls pourraient
assurer la supériorité de notre cavalerie. Ce n'est
pas seulement un titre d'académicien, une consécration officielle de son mérite et de ses travaux qui
manquent aujourd'hui à l'écuyer, mais il est encore
privé des moyens d'enseigner et de répandre ses
principes. A-t-on créé pour lui une chaire où il puisse
appeler la jeunesse à ses leçons, et lui donner, avec
d'excellents préceptes, le goût d'une science prête à
périr ? Et cependant quels avantages ne retirerait-on
pas d'une semblable institution.

Qu'on ne m'objecte pas la difficulté de recon-
naitre à des signes certains le mérite de l'écuyer. Il y
a à la Chambre des Députés d'anciens militaires excellents cavaliers ; il existe à Alfort de dignes succes-
seurs de Bourgelat. Qu'on nomme une commission
composée d'hommes éclairés et compétents, qui choi-
siront les chevaux les plus défectueux, les plus souf-
frants, les plus méchants ; que la difficulté pour ne pas
dire l'impossibilité apparente d'utiliser pour le bien du
pays des sujets aussi ingrats, aussi rebelles, soit constaté par des rapports ; et au nom de ceux qui méritent le titre d'écuyer, et sans crainte d'être démenti
par aucun d'eux, j'accepte l'épreuve. Quand ils auront rendu à l'Etat, souples, dociles et gracieux, des
chevaux réputés inmontables, on reconnaîtra peut-
être, surtout dans un moment si critique pour notre
cavalerie, qu'ils sont capables de diriger une école
nationale d'équitation.

Combien il serait à désirer que le chef du Gouvernement, que ses ministres, que tous les agents du pouvoir qui peuvent exercer de l'influence sur la prospérité du pays, fussent instruits des grands intérêts qui sont intimement liés à la science de l'équitation ! N'embrasse-t-elle pas une partie de l'armée ? Les haras sont-ils des établissements qu'on puisse livrer aux caprices d'une mauvaise administration, sans se rendre coupable d'imprévoyance, sans s'exposer à une grande responsabilité ? Le plaisir des personnes riches et vivant au sein du luxe est-il seul en question ? Qui ne voit au contraire que les améliorations descendraient promptement dans les classes inférieures, qu'elles encourageraient le commerce des chevaux, qu'elles profiteraient à l'éleveur et féconderaient l'agriculture elle-même, cette source première de toutes les richesses ?

Profondément convaincu de l'utilité de l'équitation, je demanderai sans cesse la création d'un manège national où serait enseigné, sous la direction d'habiles écuyers, l'équitation, l'anatomie, le dressage, la haute école et le ménage.

Les cours à faire dans cette école seraient les suivants : 1° Cours hippique relatif à la reproduction ; 2° Art des divisements ; 3° Influence des différents paturages ; 4° Influence de l'atmosphère ; 5° Rapport direct des productions avec le sol ; 6° Histoire naturelle ; 7° Hippiatrique et premiers éléments de médecine vétérinaire ; 8° Zoologie ; 9° Botanique ; 10° Physiologie.

Je n'ai qu'un but en demandant la création de cette
École : le bien et les progrès de la science. Je suis
d'avis qu'une grande et riche nation comme la France
doit secours et protection à ceux dont les œuvres
peuvent contribuer à sa gloire et à sa prospérité.
Chaque année des sommes sont employées au soutien
de l'art dramatique, de la musique, de la peinture et
de la... vélocipédie. Que faudrait-il pour encourager
la science équestre, qui est d'un intérêt général ? La
moitié, les deux tiers peut-être de la subvention
annuelle accordée à l'Opéra. Certes, il n'est pas un
homme de bonne foi qui ne reconnaisse que de telles
prétentions sont modestes, eu égard surtout à l'importance des résultats. Serait-ce payer trop cher les
avantages et la gloire de fonder à Paris une Académie
qui n'existe nulle part, et dont l'influence deviendrait
bientôt européenne ?

Lorsque je réclame l'établissement d'un manège
national, je n'entends pas jeter le trouble parmi des
positions acquises ; je veux compléter, améliorer et
non détruire ce qui existe. Il suffirait d'ajouter à
l'administration des haras un écuyer inspecteur
général qui aurait en même temps la présidence de
l'équitation et de l'École nationale.

Dans cette école on recevrait des jeunes gens qui
répandraient dans l'armée, dans les haras ou dans
les autres établissements dépendants du gouvernement, les principes d'une bonne équitation ; ils ren-
draient aussi de grands services à l'élevage en s'oc-

14

cupant de l'éducation des jeunes chevaux dont la
méthode d'éducation actuellement en usage est
détestable à tous les points de vue.

Accoutumer les jeunes chevaux au régime ou
plutôt à la ration militaire ne suffit pas. Nous trouvons, au contraire, que l'inaction dans laquelle on les
laisse, arrête leur développement, en déforme même
un certain nombre et fait que ce régime est absolument en disproportion avec les sacrifices que s'impose
l'État.

C'est un préjugé malheureusement trop répandu
que celui de ne pas faire travailler les jeunes chevaux.
Qu'on engage les éleveurs malhabiles ou mal outillés
à ne pas entreprendre le dressage de leurs poulains,
cela s'explique. Mais que l'on traite comme un troupeau de bœufs ou de moutons des animaux pleins de
sang et d'énergie, destinés à un travail qui demande
une souplesse et une résistance extraordinaires, cela
ne s'explique pas. Cette erreur est d'autant plus
grande que, forcé de faire flèche de tout bois le jour
d'une mobilisation, on sera incapable de tirer parti
de ces jeunes animaux, que l'on utilisera quand
même, et qui seront alors semés tout le long du
chemin.

L'exercice est un remède salutaire à bien des
maux : avant tout, il donne l'appétit; il empêche en
outre les congestions pulmonaires et abdominales,
qui comptent pour plus de la moitié dans les affections maladives du jeune âge, surtout quand la

nourriture est trop abondante et trop substantielle.

L'exercice forme et développe le tempérament du jeune sujet : il adoucit le caractère, il dessine les muscles et augmente considérablement le volume, il dilate la poitrine, assouplit les articulations ; en un mot, toutes les parties du corps prennent d'autant plus de développement qu'elles s'exercent davantage, parce que les principes vitaux s'y portent avec plus d'intensité.

Les Arabes, les Cosaques, les Anglais, ont tous adopté l'habitude de faire travailler les chevaux dès leur jeune âge, en proportionnant, toutefois, le travail à la force de l'animal et à sa constitution. Le système sur lequel est basé l'élevage du cheval de pur sang est tout simplement copié sur les Arabes et tous les peuples orientaux.

Déjà notre race de demi-sang est en majeure partie issue de parents plus ou moins lymphatiques. La mère souvent n'a jamais été livrée à aucun travail et pait l'été dans de gras pâturages ; l'hiver, elle est rentrée dans une écurie chaude, d'où elle ne sort jamais ; quelquefois aussi, elle reste dehors toute l'année, à l'état demi-sauvage. On lui donne un étalon qui, comme elle, ne travaille plus depuis qu'il a fait ses preuves, et, de génération en génération, il se forme ainsi une race paresseuse de chevaux, quelquefois belle d'apparence, mais d'une médiocre résistance. Nous savons tous que les mérites se transmettent et augmentent de génération en génération dans les espèces travailleuses, de même que la mollesse et la paresse se perpétuent dans les races élevées dans la fainéantise et dans l'indolence.

C'est surtout par les membres que se distinguent les espèces travailleuses des espèces paresseuses. Les premières ont toutes, relativement à leurs races, des os volumineux, des tendons détachés, des articulations fortes et bien dessinées, des aplombs parfaits, tandis que les secondes ont des membres grêles, des tendons faibles, des genoux creux, des jarrets pleins, des articulations minces et arrondies. Que l'on examine nos jeunes chevaux quand ils sont dépouillés de la lymphe qui, au pâturage, s'est accumulée dans tout l'organisme, et on sera frappé de la vérité de notre assertion, car, avec la disparition des longs poils qui garnissent leurs membres, on sera souvent étonné de ne plus leur trouver le volume qu'ils accusaient au moment de l'achat.

L'inaction dans laquelle on laisse les jeunes chevaux encore en voie de développement est, à tous les points de vue, fâcheuse.

Autrefois, quand les régiments recevaient directement leurs remontes, tous les jeunes chevaux, y compris ceux de trois ans et demi, étaient promenés en moyenne deux heures par jour.

On a bien fait de débarrasser les corps de troupe de la frontière de ces *impedimenta* ; mais est-il nécessaire d'étendre cette mesure aux régiments du centre et de l'Ouest ? On a, dans tous les cas, eu tort, en

copiant le système allemand, de ne se préoccuper
que des économies qu'il semble réaliser.

Nous pensons que le régime actuel des jeunes
chevaux est illogique, car, au lieu d'être faits à cinq
ou six ans, ils ne le sont qu'à sept ou huit ; au lieu
d'être utilisables de bonne heure, on leur fait perdre
un temps précieux dans une inaction coûteuse ; au
lieu de diminuer les non valeurs dans les régiments,
ce système les double ; enfin, au lieu de réduire le
prix de revient du cheval, on le majore quelquefois
de douze à quinze mois d'entretien.

Que l'on achète des chevaux jeunes, la chose est
indispensable ; mais qu'alors, par tous les moyens
possibles, on s'efforce à les rendre rapidement aptes
aux services auxquels ils sont destinés.

COMMENT ON DOIT ACHETER
UN CHEVAL

CHAPITRE XI

COMMENT ON DOIT ACHETER UN CHEVAL

L'achat d'un bon et beau cheval est des plus difficiles, et réclame un œil exercé et des connaissances spéciales. Je ne prétends pas être infaillible ; mais les idées que j'ai là-dessus sont tellement celles de bon nombre d'hommes de cheval de mes amis que je crois utile de les faire connaître.

La première chose à faire quand on veut acheter un cheval, c'est de se demander dans quel but on l'achète ! Mais, de toute manière, l'adjonction d'un connaisseur est désirable, même pour un homme entendu. Car quatre yeux distinguent mieux que deux et ne suffisent pas tou-

jours à découvrir les défauts que le vendeur, et spécialement le marchand, sait si bien tenir dans l'ombre.

A vrai dire, les connaisseurs ne sont pas toujours
désireux de prêter leur concours en pareil cas, attendu
que l'expérience démontre qu'ils sont presque toujours
rendus responsables de tous les accidents et désa-
gréments qui peuvent survenir tôt ou tard, tandis
qu'en cas de réussite l'acheteur s'en attribue volontiers tout le mérite.

Le vendeur a naturellement tout intérêt à présenter
l'animal qu'il désire vendre dans les meilleures conditions possibles. Il dissimulera donc ses défauts et
exagérera ses qualités ; il en inventera même pour les
besoins de la cause.

Dans les grandes villes, les marchands en renom
se livrent à leur commerce avec assez d'honnêteté.
Nous disons « assez », car il est avéré que rien n'est
sacré pour celui qui veut se débarrasser d'un cheval
gênant, et les marchands eux-mêmes, malgré leur
roublardise, sont souvent refaits. Je n'en veux pour
preuve que l'histoire arrivée, il y a quelques années,
à un marchand très connu des amateurs parisiens,
qui, sans s'en douter, racheta à un amateur une
piaule qu'il lui avait vendue quelques mois auparavant. Avec un léger maquillage qui avait fait disparaître la pelote en tête, le marchand n'y vit que du
feu. Ce n'est que quelques jours après qu'il s'aperçut
qu'il avait été refait, et il l'avait été dans les grands
prix. Pour revenir à ce que je disais, tous les mar-

chands, sans exception, usent de tous les moyens possibles pour présenter favorablement leurs animaux.

La toilette, qui donne au cheval de l'élégance et du brillant, est, chez eux, toujours soignée.

Les écuries sont disposées de façon à faire ressortir avantageusement les chevaux qui y sont logés.

Les palefreniers, bien stylés, savent l'exciter pour faire croire à une énergie qui, bien souvent, est factice.

Mais ces moyens ne sont pas les seuls employés pour faciliter la vente. Le marchand peu scrupuleux ne recule devant aucun artifice pour se défaire plus ou moins avantageusement d'une rosse. On écrirait des volumes si on voulait relater toutes les ficelles qu'ils emploient pour cacher les défectuosités ou exagérer ou inventer des qualités.

Le système le moins trompeur pour l'acheteur inexpérimenté consiste à examiner le cheval au service auquel il est destiné. Tout cheval de selle doit être monté devant l'acheteur, et, mieux encore par l'acheteur lui-même.

De même pour la voiture, le cheval doit être essayé au point de vue du dressage, de la franchise, de la douceur et de ses qualités.

Il faut bien se convaincre qu'un cheval ne peut pas tout avoir, et rien n'énonce l'ignorance et l'absence de sens commun chez l'acheteur comme d'exiger chez un cheval telle ou telle conformation idéale que n'implique aucune qualité solide : les uns veulent tel poil ; d'autres telles ou telles marques ; mais surtout et toujours, pour le moindre cheval de service, on stipulera l'absence des défauts les plus minimes, des tares les plus légères. Or, sachez, messieurs les acheteurs, que le cheval sans défaut est comme l'homme sans défaut : *Il n'est en général propre à rien!*

En résumé, il doit avoir, comme le demande l'Arabe, qui connaît bien mieux que nous le cheval, parce qu'*au lieu de l'avoir étudié dans les livres, il l'a étudié dans la nature*, quatre choses larges : le front, le poitrail, la croupe et les membres; quatre choses longues : l'encolure, les rayons supérieurs, le ventre et les hanches; quatre choses courtes : les reins, les paturons, les oreilles et la queue.

Toutes ces qualités dans un cheval, disent les Arabes, « prouvent d'abord qu'il a de la race, et aussi qu'il est à coup sûr un bon coursier, car sa conformation tient tout ensemble de celle du lévrier, de celle du pigeon et de celle mehari ».

Comme la plupart des amateurs de chevaux n'ont pas passé par l'école de cavalerie et n'ont pas suivi des cours d'extérieur et d'anatomie, le choix du cheval de selle est chose fort difficile, car tous ceux qui achètent des chevaux ont besoin de connaître les proportions d'un cheval, ses tares, ses aplombs et tant d'autres choses qui sont du ressort de l'homme de cheval. C'est pour remédier un peu à cette lacune dans l'instruction hippique de quelques sportsmen que je donne mes idées sur cette question.

Comment examiner le cheval qu'on achète?

1° De profil, pour voir si l'ensemble convient et plaît.

2° De face pour voir l'expression et voir s'il marche en ligne.

3° Par derrière également pour voir si les jambes de derrière cachent celles du devant.

4° L'essayer pour juger ses allures, son dressage et sa sagesse.

L'impression que peut donner cet examen, aussi agréable soit-elle, ne doit pas suffire à l'acheteur sérieux; il faut qu'il étudie l'extérieur, c'est-à-dire les proportions, les tares et les imperfections de toute nature qui pourraient diminuer la valeur marchande de l'animal. Il doit s'efforcer dans son propre intérêt de le choisir, bon, sain de membres, régulier d'allures, puissant de rein, descendu de poitrine, tel en un mot qu'il puisse le revendre, si, pour un motif quelconque il veut s'en défaire. Le cheval mal acheté est toujours d'une défaite difficile et causera beaucoup d'ennuis à son propriétaire. Vu de pied ferme sans contrainte, à bout de longe, il doit se montrer d'aplomb sur ses membres, c'est-à-dire les canons extérieurs et postérieurs dans la ligne verticale.

Le choix du cheval de selle, est très difficile; j'entends par le cheval de selle, le cheval de promenade, car le cheval de chasse ou d'armes, doit avoir des aptitudes différentes. D'abord le cheval de selle doit se seller et pour cela avoir des épaules plates; bien accusées en avant à son intersection avec le bras, profondes, en arrière du garrot; le dos et le rein

larges et courts et autant que possible en ligne horizontale. Les chevaux longs de rein peuvent rendre
des services à la selle, quand ils n'ont qu'un poids
léger à porter et qu'on n'exige d'eux que des allures
lentes et équilibrées.

Le coude et la rotule sur la ligne horizontale ; le
bras et la cuisse suffisamment longs, les muscles
fessiers épais, distendus.

La tête est également très importante à examiner.
Son expression toujours significative, révèle le caractère, l'énergie et la race. Une tête sèche indique une
grande origine, une tête maigre l'âge ou une mauvaise
nutrition, une tête grosse et charnue est inadmissible
pour un cheval de selle. Les oreilles doivent être bien
attachées ; les oreilles couchées annoncent un cheval
méchant qui veut mordre ou frapper ; les oreilles en
avant dénote un cheval peureux. Les oreilles doivent
se tourner avec indépendance et facilité pour percevoir le bruit sans pour cela manifester de crainte.

L'œil doit être bien ouvert, calme, indice d'une
bonne vue et d'un bon caractère et son examen est
d'une grande importance. Il y a des chevaux qui sans
être aveugles voient et apprécient mal les objets ; ils
sont généralement peureux et d'un service dangereux.
Un œil sain, doit laisser voir aux deux angles de l'œil
une peau blanche (la cornée opaque) qui enveloppe
une partie du globe de l'œil, tandis que la plus grande
partie de la surface antérieure très arrondie de l'œil
est formée d'une peau transparente ou cornée lucide.

Cette partie doit être tout à fait claire et sans points troubles ou cicatrices.

L'encolure doit être longue, puissante, ferme dans sa musculature, sans être charnue. Les surfaces doivent être plates, c'est avec les muscles de l'épaule que les chevaux se sellent. Les crins doivent être fins et rarement abondants. Le cheval comme force doit s'harmoniser avec le poids du cavalier, avoir beaucoup de branche attendu que le cavalier doit avoir le cheval devant lui et non derrière.

Le garrot doit être élevé et se prolonger assez loin vers le dos où il s'abaissera doucement. Les chevaux de pur sang possèdent par excellence un beau garrot. Les flancs doivent être courts, n'avoir aucune dépression mais au contraire être bien arrondis et autant que possible ne pas se détacher de leurs bords. Moins le flanc se laisse distinguer des lombes, des côtes et hanches, et meilleur il est.

La queue d'un cheval fort des reins sera toujours raide et ne s'affaissera ni se serrera sous le poids du cavalier. Lorsque le cheval agite constamment la queue, on doit se défier de son caractère.

Le pied doit être bien conformé, la muraille bien arrondie et bien unie, sans cercles et sans fissures, pourvue d'une couronne sans aucune lésion. La sole doit être voûtée et plate, être d'une corne solide et intimement unie avec la paroi ; avec de mauvais pieds le plus beau cheval du monde ne vaut rien. Les sabots d'un bon cheval ne sont jamais petits, ni jamais plats.

Le jarret doit être large, le calcanéum doit être long, fortement développé et la peau qui recouvre l'articulation très tendue.

Le boulet devra être sec et fort et n'avoir ni devant ni sur les côtés aucun gonflement anormal, tel que les *molettes*; le paturon doit former avec le sol un angle de 45 degrés; chez les chevaux de race, la longueur du paturon de doit pas dépasser la longueur du diamètre du boulet mesuré d'avant en arrière.

L'œil du vrai connaisseur doit donc être très exercé de manière à étudier l'animal à tous les points de vue et lorsqu'il l'aura étudié consciencieusement, comme la perfection ne peut jamais se rencontrer chez le cheval, il restera encore une question d'appréciation fort délicate, qui consiste à pardonner ceci en faveur de cela et expliquer et motiver ce pardon.

La mode actuelle consiste à couper la queue en poney à tous les chevaux, c'est une mode idiote, ridicule pour les chevaux qui la portent bien d'abord, et tout cheval de selle doit la bien détacher; pour le cheval de harnais on y remédie avec le culeron. Si cela convient à un amateur de mettre en poney les chevaux culottés, passe encore, mais pour l'amour de Dieu ne mettez pas les chevaux légers avec des becs de flûte ou de clarinette au derrière.

Un cheval en service doit avoir au moins six ans dans la bouche. Il n'y a pas de mérite à payer un bon cheval cher, le mérite ou le talent consiste à le dé-

couvrir et le payer bon marché ; dans tous les cas, il
doit ressembler à l'argent.

Un cheval bien équilibré sur ses jambes ne doit pas
faire de sottises, et pour cela, avoir de bons jarrets,
une bonne attache de reins, l'œil à fleur de tête, le
port de la tête haut, ce qui donne grand air.

Nous croyons inutile de parler ici, autrement que
pour les nommer, des tares molles, *molettes* au défaut
du boulet, *vessigons* dans le creux du jarret, *capelets*
en arrière et à la pointe du jarret, tares souvent graves
que tout le monde connaît.

Le *suros*, la *courbe*, l'*éparvin*, la *jarde* et la *forme*
sont des tares dures.

Les suros se rencontrent sur le côté interne du
canon ; une grosseur sur le paturon peut être une
forme, alors le cheval boite. L'éparvin est une tumeur
osseuse qui se manifeste par une proéminence plus ou
moins forte et dure comme l'os, qui se produit à la
face interne du jarret à l'endroit où il se termine sur
le canon. En dedans du jarret, la courbe peut encore se
montrer. La courbe est assez rare ; lorsqu'elle existe,
son siége est à la partie supérieure de l'articulation
qu'elle rend presque toujours assez difforme pour ne
point échapper à l'œil le moins expérimenté. Le jardon est une exsudation osseuse placée en arrière de la
surface externe du jarret et à sa partie inférieure. Le
jardon est généralement de naissance chez le cheval
et ne fait pas boiter. Si cette grosseur osseuse s'étend
en arrière à ce point que la ligne postérieure du cal-

15

canéum avec le canon ne soit plus droite et se voûte sensiblement, on nomme cette tare *jarde*.

Le cheval atteint d'un jardon doit être ménagé en montant la côte.

Les vices d'aplomb se voient d'un coup d'œil. En première ligne, nous citerons les genoux creux, dits *genoux, de mouton* viennent ensuite les jarrets clos c'est à dire *coudés*. Le cheval peut encore être cagneux cu panard.

Aux allures vives, le cheval cagneux est peu solide; au trot parfois il *billarde* en dedans de manière à toucher du sabot le canon du membre opposé. Le cheval panard est plus solide que le cheval cagneux. Il y a encore le cheval *arqué* et *brassicourt*. Lorsqu'il y a excès de longueur et d'inclinaison des paturons, le cheval se montre du devant ce qu'on appelle *brassicourt* et, du derrière, il est *campé*, c'est-à-dire qu'il a les genoux fléchis en avant et les canons antérieurs et postérieurs dirigés vers l'arrière comme pour retrouver l'appui régulier du sabot sur le sol. Tandis que le cheval *arqué* est celui dont les genoux sont fléchis en avant et droit sur ses paturons. Un cheval arqué est un cheval impropre au service de la selle, sa place est au collier pour le travail au pas.

LES ALLURES DU CHEVAL

CHAPITRE XII

LES ALLURES DU CHEVAL

Les allures ont été divisées en *allures naturelles,* *défectueuses* et *artificielles.* Les premières sont le pas, le trot et le galop. Les secondes sont l'amble, le tra- quenard et l'aubain. Celles-ci peuvent être la suite de l'éducation ; mais, en général, elles proviennent de l'état d'usure et de faiblesse de l'animal. Les troi- sièmes, c'est-à-dire les « allures artificielles », qui doivent leur naissance à l'instruction du manège, se distinguent en *airs bas et airs relevés*.

Si l'examen du cheval, au point de vue de sa conformation, de ses aplombs et de ses proportions, est d'une grande importance, celui de ses allures, qui révèlent son énergie et ses moyens, n'est pas d'une moindre signification aux yeux du connaisseur. Bien que chaque homme de goût soit apte à apprécier les allures du cheval, dans une certaine mesure, la connaissance théorique de ces mêmes moyens de locomotion présente un intérêt et doit trouver sa place dans notre travail.

Le pas est la moins élevée, la plus lente, la plus douce des allures naturelles du cheval, celle d'où procèdent les autres et qu'il opère le plus facilement, puisqu'elle n'exige l'emploi que d'une petite partie de ses forces musculaires. Le pas consiste dans un mouvement des quatre extrémités, faisant entendre chacune à son tour sa battue, en sorte que dans le mouvement complet de la progression au pas on doit entendre régulièrement quatre battues bien distinctes. Plus les battues sont égales, plus cette allure est régulière. Quand l'animal part à cette allure, son départ peut se faire indistinctement de l'un ou de l'autre pied antérieur, pourvu qu'il ne souffre d'aucune de ses extrémités, car toutes les fois qu'il éprouve de la douleur dans une d'elles, c'est par le pied souffrant qu'il entame la marche. Si le cheval part du pied droit de devant, voici quel est l'ordre du

mouvement des membres : 1° antérieur droit ; 2° postérieur gauche ; 3° antérieur gauche ; 4° postérieur
droit. Le mouvemest de l'appui du pied droit du
bipède, antérieur ou postérieur, est toujours l'instant
du lever du pied gauche et *vice versa*. Le pied postérieur de chaque bipède latéral, dans le cheval bien
conformé, se porte toujours dans l'empreinte de la
foulée faite sur le sol par le pied antérieur.

Le pas est franc, lorsqu'il est prompt, sûr et léger,
il est *régulier* lorsque les quatre battues dont il a été
parlé plus haut sont bien distinctes et à égales dis-
tances ; si le contraire avait lieu, il y aurait boiterie,
il est *relevé* lorsque, dans la progression, le cheval
trousse bien ses jambes de devant.

Le trot tient le milieu entre le pas et le galop. Le
cheval en liberté use peu de cette allure ; elle ne lui
sert qu'à passer du pas au galop, ou du galop au pas
ou au repos. Cependant, nos habitudes et nos besoins
nous font rechercher cette allure, qu'on s'attache à
rendre facile aux jeunes chevaux ; et l'on choisit de
préférence, pour la reproduction, les animaux qui la
marquent le mieux.

Dans le trot, les jambes suivent la même marche
que dans le pas, avec cette différence que l'allure
étant plus allongée et plus vive, les membres prennent alors plus de développement et les pieds se rem-
placent plus promptement. Le cheval qui trotte est alternativement porté par chaque bipède diagonal, de façon
que l'on n'entend que deux battues, et que le membre

antérieur droit vient à son appui en même temps que le postérieur gauche. On remarque aussi que, dans chaque mouvement complet du trot, il est un temps, très court à la vérité, pendant lequel le cheval s'avance sans appui et comme suspendu en l'air ; ce qui résulte de ce que le lever de chaque pied de devant ou de derrière précède le poser du pied correspondant dans chaque bipède antérieur ou postérieur. Cela s'observe particulièrement chez les chevaux énergiques. Pendant l'allure du trot, le centre de gravité n'est pas sensiblement déplacé ; le corps étant lancé en haut et en avant par les jarrets, retombe rudement et alternativement sur chaque bipède diagonal, d'où résultent nécessairement des mouvements plus durs que dans le pas ; aussi, cette allure, qui est la plus fatigante pour le cavalier, est aussi celle qui, pour être soutenue d'une manière ferme et régulière, demande le plus de liberté dans les membres du cheval ; celle dont les secousses sont plus douloureuses pour cet animal, quand il souffre d'une partie quelconque ; celle qui laisse le mieux juger de l'énergie, de la solidité, de la force d'un cheval, celle enfin dans laquelle il convient toujours d'examiner le cheval. Dans les bons chevaux, le son des deux battues du trot est net ; il est moins net et presque à quatre battues dans les chevaux qui trottent mollement et dans ceux de manège habitués au trot lent et cadencé. Dans les chevaux énergiques, la foulée des membres postérieurs doit couvrir celle des

membres antérieurs. Dans le trot, le cheval vigoureux
et bien libre de ses mouvements doit avoir la croupe,
les reins, l'encolure et la tête presque immobiles. Les
membres antérieurs doivent s'étendre avec franchise
et embrasser beaucoup de terrain, sans *trousser* trop
haut, ni *raser le tapis*.

Le beau trot est celui dans lequel les membres
antérieurs s'étendent avec puissance et liberté au
sortir de l'épaule, et qui, avec une moyenne flexion
du genou, lancent les pieds en avant, de telle sorte
qu'ils semblent, pour un moment, planer avant de se
poser sur le sol. Lorsque le pli du genou est trop marqué, le mouvement ne favorise pas la progression et
l'animal trotte sur place. Ce n'est qu'un cheval de
parade.

Lorsqu'on veut juger un cheval de service au trot,
il faut, comme pour le pas, l'examiner de face, de
profil et par derrière. C'est surtout à cette allure qu'on
peut porter un jugement définitif sur l'harmonie et le
parfait équilibre de l'animal qu'on veut acquérir.

Le galop est la plus vive et la plus précipitée des
allures naturelles. Dans le galop les jambes marquent
leur appui diagonalement; mais au lieu de venir
alternativement en avant, comme dans le pas ou le
trot, l'un des bipèdes latéraux devance toujours l'autre, de sorte que les jambes de devant se lèvent les
premières pour exécuter une suite de sauts terminés
par des élancements successifs. Le galop consiste, par
conséquent en une répétion de sauts, dans lesquels

la partie antérieure du cheval se lève la première et
à une plus grande hauteur que la postérieure. Dans
la rapidité de cette allure, il y a un temps imperceptible où les quatre jambes sont en l'air. C'est au
galop que le cheval développe le plus gracieusement
ses formes; mais il ne faut pas trop prolonger cette
allure, car elle affaiblirait l'élasticité des ressorts. On
ne doit jamais acheter un cheval qu'on destine à la
chasse ou à la guerre sans s'être bien assuré auparavant qu'il galope juste, que son départ est franc et
ses mouvements bien cadencés. Les chevaux faibles
des hanches galopent le *corps haut*, c'est-à-dire la
croupe plus élevée que l'avant-main.

Dans l'allure du galop, on reconnaît deux principaux mouvements : l'un, pour la main droite, qu'on
appelle galoper sur le pied droit; l'autre, pour la main
gauche, qui est dit galoper sur le pied gauche. Dans
les mouvements, lorsque l'animal galope à droite, la
jambe droite de devant avance et entame le chemin,
et celle de derrière, du même côté, suit et avance.
Ainsi, quand les deux jambes de devant sont levées,
la droite arrive sur le sol avant la gauche, et la droite
de derrière chasse et suit le mouvement de celle de
devant. Dans le galop à main gauche, c'est le pied
gauche de devant qui mène et entame le chemin;
celui de derrière du même côté suit et est aussi plus
avancé que le pied droit de derrière. Quelques détails
compléteront ces explications. Lorsque le cheval
galope à droite, après avoir rassemblé les forces de

ses hanches pour chasser les parties du devant, le pied gauche de derrière arrive le premier sur le sol ; le pied droit de derrière fait ensuite la seconde position en se plaçant plus avant que le pied gauche de derrière, et, au même instant, le pied gauche de devant se pose aussi à terre ; en sorte que dans la position de ces deux pieds, qui sont croisés et opposés comme au trot, il n'y a ordinairement qu'un temps qui soit sensible à la vue et à l'oreille ; enfin, le pied droit de devant, qui se trouve sur la ligne du pied gauche de derrière, marque le troisième et dernier temps. A main gauche, c'est le contraire ; le pied droit de derrière marque le premier temps ; le pied gauche de derrière et le pied droit de devant se lèvent ensuite, se posent ensemble, croisés, comme au trot, et font entendre le second temps ; enfin, le pied gauche de devant, qui se trouve sur la ligne du pied gauche de derrière, marque la troisième et dernière battue ; afin, comme le dit Bourgelat, que tour à tour et successivement, dans la première comme dans la seconde position, les membres viennent au secours de la machine, s'opposent à sa chute, la soulèvent, la chassent et l'étayent. Il y a donc dans le galop uni, tant à droite qu'à gauche, trois battues bien distinctes opérées ; la première, par le pied postérieur opposé à celui sur lequel l'animal galope ; le deuxième, par le bipède diagonale opposé au pied qui mène l'allure ; et la troisième par le pied antérieur qui avait entamé la marche. Plus le galop se déploie, plus les jambes qui doivent rester en arrière se rapprochent de la ligne de celles qui entament le terrain, alors le poids se partage plus également. Plus l'arrière-main chasse avec force, plus l'avant-main reçoit de pesanteur, et c'est alors qu'elle a le plus besoin d'appui. Le galop n'est pas toujours entamé du même côté, les mains et les jambes du cavalier doivent agir en raison du côté où l'on veut marcher. Le galop qui, d'après le nombre des battues qu'il fait entendre est appelé « galop à trois temps » est le plus naturel.

Le cheval de selle, sans avoir été manégé, doit avoir un galop naturel, harmonieux.

Le cavalier agréablement porté doit sentir que l'arrière-main fonctionne librement et que l'avant-main reçoit avec sûreté et élasticité le poids de la masse. Il faut essayer le cheval au galop sur les deux pieds pour s'assurer de l'égale puissance des jarrets.

Un agréable cheval de selle ne doit pas avoir les jarrets droits ni les paturons trop courts ni trop droits. Le cheval de femme surtout doit être élastique et avoir un galop moelleux et naturellement assis. Ajoutons en passant que, pour cette destination, le cheval doit avoir un trot régulier accentué, sans que l'élévation des membres antérieurs n'ait rien d'exagéré.

Il y a tant de confusion, des contradictions tellement choquantes dans tout ce qui a été écrit au sujet du galop que, sans entreprendre une discussion fastidieuse et peu utile, nous croyons devoir rapporter seulement les principes et les règles de deux écoles différentes; celle qui a pour chef le comte d'Aure et celle qui a été fondée par Baucher.

Le comte d'Aure s'exprime ainsi : « Si l'on veut partir à droite, sachant qu'à cette main l'épaule droite doit être plus avancée, plus élevée que la gauche, on assurera la main de façon à porter le poids des épaules sur l'arrière-main, et l'on fermera les jambes pour provoquer l'action du cheval. Quand on sentira qu'il est assez rassemblé, assez élevé dans son action pour prendre le galop, il faudra marquer de la bride un arrêt tendant à ralentir le mouvement de l'épaule gauche et fermer en même temps la jambe gauche plus que la droite, afin que l'arrière-main ne se trouve pas à gauche et suive le mouvement des épaules. En cherchant alors à se rendre compte des mouvements de l'arrière-main, il s'agit de sentir, de saisir le temps où la jambe gauche de devant et la droite de derrière s'appuieront à terre pour redoubler l'action indiquée de la main et des jambes, afin qu'au moment où la jambe gauche de derrière s'élève, elle puisse, quand elle viendra s'appuyer sur le cheval, pousser l'épaule droite en avant et faire entamer le galop à droite. Le moyen d'opposition que je propose pour déterminer le galop me paraît le meilleur, parce qu'il agit d'une façon plus directe sur le cheval et qu'il est presque toujours probable qu'étant franchement attaqué à gauche, il s'échappera à droite et entamera le terrain de ce côté. Il peut néanmoins arriver qu'il ne parte pas sur le pied demandé ; voici en quelles circonstances : un cheval, en raison d'une habitude ou d'une souffrance, peut préférer un pied plutôt que l'autre.

« Je suppose qu'il aime mieux marcher à gauche et qu'au contraire, on veuille marcher à droite. Dans ce cas, bien qu'il reçoive de la part du cavalier des résistances qui devraient le faire partir à droite, les épaules et les hanches, habituées à se mouvoir dans un sens qui leur est familier, pourront conserver ce mouvement et accepter alors l'action de la jambe gauche et la résistance de la main, comme une indication propre à déterminer l'allure du galop, laquelle une fois déterminée s'entamera à gauche, les hanches et les épaules étant par avance disposées à ce mouvement. Il est donc fort essentiel de sentir son cheval afin de pouvoir l'amener par des arrêts et de petites résistances des jambes à changer son mouvement et enfin profiter du moment opportun pour le déterminer à la main à laquelle on veut le mettre... Il est encore des circonstances où le cheval, pour se mettre sur le pied qui lui est familier, se pousse sur la jambe et prend sur la main un trop fort point d'appui ; se soustrayant ainsi à leur action, il se met sur le pied qu'il préfère. Cette difficulté se combat en régularisant les mouvements, en menant le cheval légèrement, tout en cherchant à le placer de la façon la plus convenable pour obtenir le galop désiré. Dans ce cas, le cheval va par sauts de pie, traquenarde en se présentant toujours sur le pied qui lui est familier. Il ne faut plus alors agir comme je l'ai expliqué précédemment ; on doit, au con-

traire, baisser la main et pousser le cheval dans les jambes, afin de le porter sur les épaules. Lorsqu'il a repris
son point d'appui sur le mors qu'il est remis d'aplomb,
on le déterminera au trot ; on le poussera dans cette
allure en le faisant marcher en cercle du côté où l'on
veut faire prendre le galop.

« Ainsi, par exemple, veut-on le mettre à droite? En
tournant de ce côté, l'épaule droite se trouvant, par
l'effet du tournant, plus avancée que la gauche, et,
ayant moins de terrain à parcourir, il est indubitable
qu'en poussant le cheval au grand trot, on n'amène
bientôt une inégalité dans le mouvement des épaules,
inégalité que la main du cavalier peut aider aussi et
qui finira par mettre l'épaule droite dans le cas d'entamer seule le terrain.

« Dans ce travail, la jambe du cavalier doit très fortement agir, afin de maintenir les hanches et les empêcher de se traverser ; car, si elles sortaient de la ligne
des épaules pour se porter à gauche, la hanche gauche
s'avançant plus que la droite entamerait le terrain et
le cheval marcherait désuni. Dans ce cas, le cavalier
doit avoir le tact de sentir le moment où le cheval se
présente à droite afin d'agir avec plus de puissance
pour déterminer le galop. Cette manière de mettre un
cheval au galop sur les épaules, bonne dans l'hypothèse que je viens de signaler, doit s'employer aussi
avec les jeunes chevaux n'ayant pas encore l'arrière-
main assez fort ni assez accompli...

« Malgré les principes que je viens d'exposer, il peut

néanmoins arriver que la jambe droite ait besoin
d'agir quelquefois seule pour déterminer le galop à
droite. Ainsi, par exemple, un cheval, avant d'être
embarqué au galop, viendrait à se traverser de façon
à laisser tomber les hanches complétement à droite;
on comprend bien alors qu'une fois le cheval présenté
à droite plus qu'il ne faut pour déterminer le galop
de ce côté, la jambe gauche n'a pas besoin d'agir, et
que la jambe droite, tout en cherchant à redresser les
hanches, pourra pousser le cheval en avant pour
déterminer le galop à droite. En thèse générale,
quelle que soit la jambe qui pousse, un cheval prendra le galop du côté qui sera le plus en avant. »

M. d'Aure revient encore sur les règles relatives à
l'allure du galop. Quant à ce qu'il dit sur le *changement de pied en l'air, le cheval étant au galop*, le
voici : « Les changements de pied en l'air sont très
faciles à obtenir quand on possède bien les moyens
de les prendre terre à terre; ce sont exactement les
mêmes, excepté qu'ils sont exigés plus promptement.
Ainsi nous savons que l'on met un cheval à droite par
l'arrêt de la bride et la résistance de la jambe gauche,
dont l'action est soutenue et maintenue par la jambe
droite, que l'on met aussi un cheval à gauche par le
même arrêt de la bride et par l'action contraire des
jambes. Le cheval étant à droite, veut-on le pousser
à gauche, il faut user du moyen indiqué; seulement
on fait agir simultanément les mains et les jambes.
Ainsi, galopant à droite, au moment de passer à

gauche, on marque un arrêt de la bride assez fort
pour arrêter le développement de l'épaule droite qui
marche la première, et, en même temps, on fait agir
les jambes avec plus d'action en exigeant plus de la
droite que de la gauche, afin de pousser la hanche
gauche à gauche. Le cheval qui, par l'arrêt simple
de la bride, se serait arrêté si la jambe du cavalier
n'avait pas continué d'agir, se rassemblera; alors, la
main agissant plus sur l'épaule droite que sur la
gauche, cette dernière, poussée en avant par l'action
des jambes et étant moins arrêtée que la droite, passera nécessairement devant celle-ci, et, enfin, l'arrêt
qui empêchera le développement de l'épaule droite
contribuera à faire échapper à gauche la hanche
gauche, mouvement déjà commencé par l'action plus
forte de la jambe droite du cavalier. Une fois ce
travail conçu, on l'exigera en tenant le cheval droit,
comme dans le travail des changements de pied terre
à terre. Le changement de pied étant exécuté, on
donnera au cheval une grande liberté, pour qu'il se
maintienne à la main où il sera passé; car si l'on
continuait à l'arrêter, incertain dans son travail, il
pourrait se désunir ou changer encore de pied. Plus
le cheval sera rassemblé et plus facilement il changera
de pied en l'air, parce qu'en rapprochant ainsi ses
moyens, il trouvera dans la main un appui qui lui
sera nécessaire pour mieux exécuter l'intervertis-
sement de l'ordre dans lequel les jambes agissent.
J'insiste sur ce principe, parce que c'est toujours par

là que pèchent les personnes qui veulent faire changer un cheval de pied; on se presse, on augmente le train, et l'on provoque ainsi un décousu qui fait que le cheval n'achève jamais de changer de pied et reste désuni. » Suivons maintenant M. Baucher pour voir quelle est la manière d'après laquelle il comprend l'action des aides dans l'allure du galop. « Ou le cheval, dit-il, est sous l'influence de vos forces et soumis entièrement à votre puissance, ou vous êtes en lutte avec lui. S'il vous entraîne en galopant, sans que vous puissiez modifier et diriger parfaitement sa course, c'est une preuve que, quoique soumis jusqu'à un certain point à votre pouvoir, puisqu'il consent à vous transporter ainsi, il dispose cependant d'une grande partie de ses forces instinctives. Dans ce cas, c'est, entre vous et lui, un combat perpétuel, mêlé de succès et revers, et, dont les chances dépendent du tempérament, du caprice de l'animal, de sa bonne ou de sa mauvaise digestion. Les changements de pied, dans de pareilles conditions, ne pourront s'opérer que par des *reversements*, ce qui rend le mouvement aussi difficile que disgracieux. Si, au contraire, l'animal est assujetti au point de ne pouvoir contracter aucune de ses parties sans l'intervention et le secours du cavalier, ce dernier pourra diriger à son gré l'ensemble des ressorts, reporter la force et le poids de telle à telle partie et exécuter par conséquent les changements de pied avec aisance et promptitude... Nous savons que les contractions d'une partie quelconque

du cheval réagissent toujours sur l'encolure et que la
raideur de celle-ci s'oppose à la bonne exécution de
tout mouvement. Or, si au moment de s'enlever au
galop, le cheval raidit l'une de ses extrémités, et, par
suite, son encolure, de quelle utilité pourra être, je
le demande, pour déterminer le départ sur le pied
droit, l'appui de l'une ou l'autre jambe du cavalier,
ou même celui des deux jambes à la fois? Ces moyens
seraient évidemment sans effet jusqu'à ce qu'on eût
remonté à la source de la résistance afin de le combattre et de l'annuler.

« On le voit donc, ici comme toujours, la souplesse
et la légèreté pourront seules faciliter l'exécution du
travail. Si, quand on veut déterminer le cheval sur le
pied droit, une légère contraction d'une partie de
l'animal le disposait à partir sur le pied gauche, et, si
l'on persistait, malgré cette mauvaise disposition, à
engager l'allure, il faudrait alors employer deux
forces du même côté, c'est-à-dire la jambe gauche
et la main gauche; la première est destinée, dans
ce cas, à déterminer le mouvement qu'on veut obtenir, la seconde à combattre la disposition contraire
du cheval. Mais lorsque le cheval, parfaitement souple
et rassemblé, ne fera jouer ses ressorts que d'après
l'impression que leur donnera le cavalier, celui-ci,
pour partir sur le pied droit, devra combiner une
opposition de forces propres à maintenir l'équilibre
de l'animal, tout en le plaçant dans la position exigée
par le mouvement. Il portera alors la main gauche, il

appuiera la jambe droite. On voit par là que le moyen, dont j'ai parlé plus haut, utile lorsque le cheval n'est pas convenablement placé, serait nuisible lorsque l'animal est bien disposé, puisqu'il détruirait la belle harmonie qui existe alors entre les forces. Cette courte explication suffira, je l'espère, pour comprendre qu'on qu'on doit étudier les choses à fond avant de formuler des principes. Plus de système donc sur l'emploi exclusif de telle ou telle jambe pour déterminer le galop, mais conviction profonde que la première condition de ce travail et de tous les autres est de maintenir son cheval souple, léger, c'est-à-dire rassemblé; puis, d'employer ensuite l'un ou l'autre moteur, suivant que l'animal, au départ, conserve sa bonne position, ou qu'il cherche à s'en éloigner. Il faut aussi bien se pénétrer que c'est la force qui donne la position au cheval, mais que de la position seule dépend la régularité des mouvements.

« Le passage fréquent en ligne droite, et par des temps d'arrêt, du galop sur le pied droit, au galop sur le pied gauche, amènera bientôt à exécuter les changements de pied de tact au tact.

« Évitons surtout les violents effets de force qui dérouteraient le cheval et lui feraient perdre sa légèreté, qui doit précéder tous les changements d'allure ou de direction, rendre faciles, gracieux et inévitables tous les mouvements, est la condition importante que nous devons rechercher avant tout. »

M. Baucher traite aussi des galops irréguliers, et il

entre ensuite dans l'explication des principes appliqués aux changements de pied dans l'allure du galop.
Quant aux premiers, « il en est, dit-il, de plusieurs
espèces que nous allons définir ; après quoi nous
donnerons les moyens de les rectifier. Il n'y a, conti-
nue-t-il, qu'un galop faux ; il y a deux galops désunis :
désuni du devant, désuni du derrière. Si le cheval,
étant à main droite, se trouve galoper sur le pied
gauche, le galop est faux. Comme il ne peut arriver là
qu'après un mouvement de corps qui a surchargé la
partie d'abord allégée, il faut, par une force opposée,
c'est-à-dire par le soutien ferme de la jambe gauche
et de la main portée aussi à gauche, lui faire reprendre la position première. Une fois la position rendue,
l'accord de ses mouvements se rétablira de lui-même.
Si les erreurs du cheval viennent de ce qu'il n'est pas
encore assez familiarisé avec l'allure du galop, il faut
l'arrêter et lui faire prendre un galop régulier par les
moyens précédemment indiqués. Ce temps d'arrêt
devra être rigoureusement observé toutes les fois
qu'il changera de pied, ou se désunira.

« On évite ainsi les mouvements brusques, qui sont
toujours au détriment de l'organisation.

« Examinons maintenant le cas où le cheval se désunit
du devant ou du derrière. Il est désuni du devant
lorsqu'en galopant à main droite, c'est l'extrémité
gauche qui commence le galop, et il l'est du derrière,
quand l'extrémité postérieure droite reste plus en arrière que la gauche ; dans le premier cas, c'est la

motion des jambes de derrière qui est régulière, et,
dans le second, c'est celle des jambes de devant. Un
cheval se désunit-il du devant, un surcroît d'action
donné avec les deux jambes facilitera l'enlevé de la
partie antérieure avec la main, et, en la portant aussitôt à gauche, on surchargera cette partie et on déci-
dera la droite en avant; ici, il n'y a pas d'interruption
dans le galop. Si, au contraire, il se désunit du derrière, le contact plus énergique de la jambe gauche,
avec un soutien ferme et égal de la main, donnera une
inflexion aux côtés de cette partie, il fixera cette
jambe postérieure sur le sol; en outre, la jambe
droite du cavalier, modérant l'action de la gauche,
contiendra le cheval droit, rétablira son équilibre, et
le galop sur le pied droit suivra naturellement. Je le
répète, il est essentiel de soutenir vigoureusement le
bras et la main; sans cette immobilité momentanée,
la jambe ne fait que donner une impulsion en avant,
et manque ainsi l'effet qu'elle doit avoir sur l'arrière-
main du cheval. L'intelligence du cavalier suppléera
à tous les détails que ne peut contenir une définition
écrite; il sentira le degré de force dont se sert le
cheval pour changer de position, et ne lui en imprimera
que la quantité suffisante pour le ramener à des mouvements réguliers, sans rien changer à son allure.
Quand une fois on aura disposé le cheval, afin qu'il
ait la possibilité de s'embarquer au galop sur le pied
droit ou sur le pied gauche; quand on l'aura corrigé
des irrégularités qui rendaient cette allure défec-

tueuse, et accoutumé à se maintenir uniment aux
deux mains, il sera temps de lui faire exécuter des
changements de pied, d'abord par un temps d'arrêt,
ensuite du tact au tact. On les commencera sur une
ligne diagonale, prise quatre pas après la sortie du
coin conduisant à l'un des grands côtés du manège,
pour les clore à une pareille distance de l'angle qui
se trouve près de l'autre extémité de cette ligne. Il
est bien essentiel que le cheval soit droit des épaules,
du corps et des hanches, immédiatement après le
quart du cercle qui le conduit sur la diagonale ; il faut
que le quatrième pas oblique que fait le cheval le
place droit sur cette nouvelle ligne ; cette position devient indispensable pour lui donner celle qu'exigent
les changements de pied. Tous les moyens prépara-
toires constituent, sans que l'on s'en doute, non seulement la facilité, mais la possibilité d'exécution.

« Une autre condition, non moins essentielle, est
d'entretenir le même degré d'action, malgré la trans-
mission des forces. J'explique ceci par un exemple :
si, pour obtenir le déplacement qui amène le cheval
sur la ligne du changement de main, on diminuait
l'action qu'il avait précédemment et qui n'était que
convenable pour la conservation de l'allure, il ne
pourrait se maintenir dans cette position énergique
qui lui fait sentir, apprécier et exécuter avec promptitude nos volontés ; c'est alors que disparaît tout le
gracieux et même la possibilité de ce travail ; au contraire, si, malgré nous, il augmente son action pour

prendre un galop plus décidé, il nous sera tout aussi
difficile d'en tirer un bon parti ; car, s'il dispose volon-
tairement de ses forces, ou que nous manquions d'accord pour les lui conserver au même degré, il faudra
entrer en lutte avec lui dans le moment même où il
est le plus nécessaire qu'il soit subordonné.

« J'ai toujours recommandé d'être peu exigeant dans
les commencements d'un travail quelconque, et j'insiste sur la nécessité de cette prudence, qui accélérera
les progrès du cheval. Ainsi, pour obtenir les premiers changements de pied (de droite à gauche, par
exemple), on arrêtera le cheval aux trois quarts de la
diagonale, pour qu'il prenne l'allure du pas, et pendant qu'il en marquera trois ou quatre temps, on le
rassemblera autant que possible ; une fois les forces
du cheval équilibrées entre elles, la main légèrement
portée à droite, et le contact plus décidé de la jambe
gauche, le disposeront à s'enlever sur le pied gauche ;
dans le cas où il refuserait, c'est qu'il ne serait pas
encore dans la position convenable ; alors combattez
les forces opposantes, jusqu'à ce que vous ayez fait
renaître l'équilibre ; puis revenez immédiatement aux
premiers moyens d'exécution. Il est bien entendu que
la main ne se reportera à gauche qu'après le départ
de cette jambe.

« La répétition fréquente de ces changements de
pied avec un temps d'arrêt, donnera au cheval le pli, à
l'aide duquel, plus tard, il secondera nos mouvements.

« Lorsque le cheval exécutera sans résistance ces

premiers changements de pied avec un temps d'arrêt,
on pourra les lui faire faire du tact au tact, c'est-à-
dire sans l'arrêter. Voici comment on y parviendra :
une fois arrivé à l'endroit voulu pour les changements
de pied, on rassemble le cheval autant que possible,
afin de réunir l'effet de toutes ces forces vers un
centre commun de gravité ; après cette disposition, le
soutien de jambe droite du cavalier donne une flexion
aux côtes ; cette flexion fixe un moment la partie
droite du cheval, qui surcharge immédiatement la
main soutenue et portée de ce côté. Dans cet état de
choses, l'action continuant toujours à être la même,
il faut bien que le cheval s'enlève du côté opposé à
celui que l'on surcharge.

« On conçoit aisément pourquoi j'établis une différence dans les moyens à employer entre le changement de pied au galop et le changement de pied avec
temps d'arrêt. Dans le premier, il y a force à combattre, poids et impulsion à transmettre ; dans le second,
il n'y a qu'à décider une impulsion déterminée. Une
fois le changement de pied opéré, il reste encore à
tourner le cheval à gauche : pour cela, vous ramenez
la main à gauche, et vous faites sentir progressivement la jambe gauche, qui a toujours été rapprochée ;
les moyens opposés donneront les mêmes résultats
pour les changements de main de gauche à droite.
Le cheval une fois au galop, il est facile de le conserver à cette allure, en le soutenant vigoureusement,
pour secourir et enlever les jambes de devant chaque

fois qu'elle retombent. Si le cavalier conserve un accord assez parfait à ses aides pour ne pas changer l'action du cheval, il donne une cadence gracieuse et continue à ses mouvements.

« Avant de terminer, je dois encore mettre le lecteur en garde contre une des pratiques malheureuses qu'il faut proscrire, c'est celle de renverser le cheval pour obtenir un changement de pied... Il y a bien là une chance pour que le cheval change de pied, mais il y en a mille pour qu'il tombe auparavant ; car il lui faut une force très grande pour supporter ces deux mouvements brusques et contraires, qui ne peuvent jamais se faire qu'au détriment des jarrets. Pour nous, tenons-nous à ce principe immuable, avec lequel on doit s'identifier : c'est qu'il faut placer avant de déterminer, sinon attendre tout du hasard. »

L'ÉLEVAGE EN FRANCE

CHAPITRE XIII

L'ÉLEVAGE EN FRANCE

Si l'importance d'une question se mesure au nombre de ceux qui s'en occupent, celle de la multiplication et de l'amélioration du cheval doit être au premier rang en économie politique et rurale. Les traditions de l'antiquité, celles des nations barbares ou éclairées, les écrits les plus arriérés, comme les plus récents, nous prouvent tout le prix que, de tout temps, l'homme a attaché *à sa plus noble conquête*, suivant l'expression de Buffon ; le cheval, en effet, est un des instruments les plus puissants de la richesse des États, par son emploi indispensable à l'exploitation du sol ; il est un des agents les plus directs de leur force par l'usage qu'on en fait aux armées, en temps de paix ou de guerre, et il a concouru, plus qu'on ne pense peut-être, à la civilisation des peuples par les relations qu'il a facilitées entre eux de province à province, d'individu à individu.

Il n'est donc pas étonnant que toujours on ait attaché une si haute importance à l'amélioration d'un animal aussi utile.

Mais pour arriver à ce but, que d'opinions diverses, que de contradictions sur les moyens d'y parvenir ! Les Chambres, la presse, les administrations départementales, l'administration de l'agriculture, celle de la guerre, tout le monde a donné son avis, soutenu ses idées par des discussions de tout ordre, sans résultat satisfaisant.

La chose n'est pas bien étonnante, car de tous les produits du sol, le cheval est le plus difficile à obtenir. Il faut pour cela des études et une spécialité de connaissances que ne demandent pas les autres animaux domestiques. Parmi eux, il est le seul qui soit exclusivement employé comme objet de luxe ou comme moteur animé. Bien souvent, on exige de lui ces deux services réunis, et il est sans valeur aucune s'il ne peut répondre ni à l'un ni à l'autre ; il devient alors un instrument inutile et onéreux dont on se débarrasse.

Les opinions variées et contraires qui ont été déve-

loppées devant les Chambres et dans la presse sont
la principale cause de l'ignorance dans laquelle on est
généralement des lois de l'amélioration du cheval.
Comment, en effet, ceux qui n'ont pas des idées bien
arrêtées sur la matière pourront-ils se fixer sur le choix
des moyens qui doivent les faire réussir au milieu de
ce dédale d'opinions controversées ? Beaucoup d'éleveurs nous ont souvent fait l'aveu de leur embarras,
et des hommes de sens nous ont assuré que, malgré
tout le désir qu'ils avaient de se convaincre, ils n'a-
vaient jamais pu bien comprendre la question de l'amélioration du cheval, tant les différents systèmes avan-
cés, soutenus ou combattus en même temps, avaient
provoqué de l'indécision partout.

Si les Anglais ont excellé dans l'amélioration du
cheval, si nous avons sous les yeux leur exemple des
faits accomplis, nous est-il impossible de les imiter ?
Sommes-nous moins intelligents, moins favorisés par
le sol que nos voisins d'outre-Manche ? Non ! La
seule différence est que nous ne savons pas comme
eux.

Des agriculteurs ont avancé que l'Angleterre ne
devait l'amélioration du cheval qu'à celle de son agriculture, et qu'en France ce moyen seul suffirait pour
obtenir le même résultat. Cette opinion est juste pour
les animaux domestiques auxquels on demande de la
viande, de la graisse ou de la laine, mais pas pour le
cheval. Le cheval est ici une exception, dont on ne
peut douter ; la preuve, c'est que les Arabes qui ont

le premier cheval du monde pour leur usage, ne sont pas un peuple très avancé en agriculture, tant s'en faut.

Nous ne contestons pas que les progrès de l'agriculture seront un auxiliaire puissant, indispensable même, dans l'état actuel de notre civilisation; ils développeront l'aisance du monde agricole surtout, et l'aisance facilite toujours à la science les moyens de se répandre. D'un autre côté, une plus grande quantité de produits de consommation pour les animaux permettra de mieux les nourrir, ce qui est un point essentiel pour leur amélioration; mais ce serait une erreur de croire que, pour le cheval, l'abondance seule de nourriture suffira pour le faire meilleur, et nous le voyons tous les jours chez les éleveurs. Ne remarquons-nous pas tel cultivateur qui exploite admirablement son sol et nourrit parfaitement ses animaux sans savoir faire un bon cheval, tandis que son voisin, qui lui est de beaucoup inférieur en agriculture, livre toujours au commerce d'excellents élèves qui ont établi sa réputation de père en fils? Les marchands de chevaux ne s'y trompent pas; ils savent que chez tel éleveur, dans telle écurie, ils achèteront toujours un bon cheval qu'ils n'iront pas chercher chez tel autre, assurés d'avance qu'ils ne le trouveront pas, ou ce sera par hasard. C'est un fait pratique que nul ne conteste.

L'amélioration de l'agriculture, comme l'a fort bien dit Richard du Cantal, ne saurait suffire pour celle du

cheval. Vainement, nous assure-t-on, qu'avec assez de
fourrages et de l'argent nous arriverons au but! Nous
dirons toujours qu'avec ce capital matériel on fera
des masses, on donnera de la graisse, du poids à la
matière ; mais pour le modeler comme nous le compre-
nons, pour faire le cheval tel qu'il doit être suivant sa
destination, il faut un capital autrement important, et
qui est l'origine de tous les autres ; c'est le capital du
savoir qui féconde celui de l'intelligence et du génie.
Sans lui, nous ne répondrons jamais bien aux véritables besoins de la France, en chevaux. Les faits ne
l'ont-ils pas prouvé jusqu'ici, et ne le prouvent-ils pas
tous les jours ?

Consultez les hommes qui ont façonné les races,
qui les ont pour ainsi dire créées, comme le statuaire
crée la statue, observez leurs travaux et vous verrez
que c'est dans la science de la vie et dans l'étude
de ses lois qu'ils ont puisé leurs leçons, formé leur
jugement des améliorations des animaux domestiques.

La conformation du cheval demande des conditions
de structure qui soient le plus possible en harmonie
avec les lois de mécanique qui favorisent le mieux
l'action des puissances qui le font mouvoir. Non seulement son système osseux, sa charpente doivent
offrir ces dispositions de leviers, de solidité et de
résistance propre à favoriser une bonne et élégante
allure ; mais encore la nature de ce qu'on est convenu
d'appeler son sang, doit donner à tout son organisme

17

à son système locomoteur, cette précision, cette sobriété, cette résistance aux fatigues qui caractérisent
le cheval de race noble.

C'est parce qu'ils pêchent par cette dernière condition que souvent des chevaux, d'une conformation
parfaite en mécanique animale, sont paresseux, flas-
ques, sans âme enfin et ne sont bons à rien, quoiqu'ils consomment beaucoup ; tandis que d'autres
qui, comme structure, leur sont inférieurs du tout au
tout, rendent des services incroyables malgré leur
sobriété et leur facile entretien. Où est la cause première de cette grande différence qui frappe tous les
observateurs ? Où est ce principe, cette essence de
vie qui fait que, soumis aux mêmes conditions, aux
mêmes traitements, deux animaux de même espèce
diffèrent d'une manière aussi tranchée ?

Comment expliquerons-nous que tel cheval, parfaitement conformé, parfaitement nourri, jeune, plein
de vie en apparence, est réellement sans valeur,
parce qu'il dépense plus qu'il ne bénéficie ; tandis que
tel autre, qui semble mal construit, vieux et maigre,
puise dans une simple botte d'herbe et une poignée
de grains de quoi répondre à tout ce qu'on lui
demande avec une énergie surprenante ? Cette vérité
trouve des applications dans tout le règne animal ;
mais elle est plus saillante dans le cheval, parce que,
nous le répétons, il est le seul qui soit exclusivement
employé comme moteur. Ne voyons-nous pas, en
effet, tous les jours, tel homme qui, avec un peu de

pain noir, résiste mieux à tout que tel autre qui suc-
comberait toujours avec la meilleure table.

C'est là une question grave à laquelle nous revien-
drons plus tard.

Quoi qu'il en soit, l'amélioration du cheval est un
point capital dont on n'a pas tenu assez compte jusqu'à
présent. C'est ce point qui a provoqué surtout les
sujets de contestation sans fin qui divisent encore
ceux qui discutent sans se comprendre. Cela dépend
de ce qu'ils peuvent avoir de profondes connaissances
en économie politique, en éducation des animaux
domestiques en général et en agriculture ; mais ils
manquent, en anatomie des tissus animaux, en mécanique animale, en physiologie, en équitation et en
histoire naturelle, de connaissances qui les mettraient
bientôt d'accord s'ils les avaient acquises. S'ils diffé-
raient d'opinion alors, ce ne serait que sur quelque
point de forme ou de détail ; au fond, ils s'entendraient toujours, parce que, si deux angles droits sont
égaux entre eux pour tous les géomètres, la science
du cheval est basée sur des principes qui ne sont
pas plus contestables pour ceux qui la possèdent
bien.

Quoiqu'il soit superflu de dire que le cheval est
le plus utile auxiliaire de l'homme dans la guerre
comme dans la paix, et qu'il est du devoir de l'État
de protéger cet élément essentiel de la prospérité
et de la puissance du pays, il en a toujours été
ainsi.

- Si nous lisons l'exposé des motifs du règlement de 1717, nous y trouvons les passages suivants :

- « ... L'épuisement des chevaux dans lequel les dernières guerres ont mis la France, et la nécessité d'y faire renaître l'abondance, tant pour l'utilité du commerce intérieur que pour le service des troupes du roi, en paix et en guerre, demanderaient peu de discours...

« MM. les intendants conviendront sans peine que rien n'est plus nécessaire au royaume que l'élève des chevaux de toute espèce et que, dans les États les mieux gouvernés, on les compte au nombre des premières richesses.

« Le manque de chevaux a fait connaître ces vérités d'une manière bien sensible dans ces derniers temps où l'on s'est vu réduit à recevoir de toutes mains et à prendre au hasard des chevaux très médiocres, pour ne pouvoir trouver mieux, et de voir sortir du royaume des sommes immenses qui, non seulement y seraient demeurées si le royaume s'était trouvé peuplé de chevaux, mais qui, par une circulation nécessaire, se seraient répandues en une infinité de mains et auraient maintenu les peuples dans l'abondance et dans le pouvoir d'acquitter les charges de l'État.

« Les gens de guerre de premier ordre et une infinité de marchands de chevaux et autres, consultés sur ce sujet, ont estimé cette évaluation à plus de 100 millions pendant les deux dernières guerres, pour les remontes seulement, sans parler des chevaux de

carrosse que l'on tire de Hollande et des Pays-Bas
pour l'usage des particuliers... »

Cinquante ans plus tard, le célèbre Bourgelat disait :

« Nous pourrions prévenir, avec quelques soins, la
promptitude du déchét de l'espèce... Nulle étude de
la nature, nul égard aux diverses nuances, nulle
considération dans les appareillements, nulle suite
dans les opérations, nulle attention aux résultats d'un
million de mélanges perpétuellement informes et
bizarres... »

En l'an X, au commencement de ce siècle, Huzard,
dans son *Instruction sur l'amélioration des chevaux en
France* fait entendre les mêmes plaintes :

« On peut faire remonter, dit-il, l'époque de la
diminution et de l'abatardissement de nos chevaux à
d'anciennes fautes du gouvernement suivies de longues erreurs dans l'administration de cette partie, si
difficile à bien connaître et plus difficile encore à
diriger. Mais il faut convenir que les convulsions et
les crises en tous genres qui ont signalé d'une manière
si effrayante les premiers élans de la nation française
vers la liberté, que surtout les besoins plus impérieux
de plusieurs guerres à la fois, ont porté le dernier
coup à cette branche, autrefois si florissante, des productions de notre sol, par l'appauvrissement, l'inquié-
tude et le découragement du cultivateur forcé de
sacrifier à tous les instants sa fortune au service de
la nation.... Que devait-il résulter de cet état de

choses, après de tels désordres trop longtemps pro-
longés ? Ce que nous voyons aujourd'hui : des productions faibles, incomplètes, qui n'ont pu recevoir
des pères et mères ce qui leur manquait à eux-mêmes :
la dégénération presque générale de nos races et une
diminution effrayante de nos individus. »

Plus tard, une commission hippique, réunie par
ordre de l'empereur, disait dans son rapport présenté
à Sa Majesté le 24 février 1859 :

« Toutes les fois, depuis trente ans, que les circonstances ou la volonté du gouvernement ont amené
la réunion de commissions chargées d'étudier la
question hippique, on est invariablement arrivé à
reconnaître qu'avec une production chevaline supérieure à celle des autres pays, la France ne pouvait
suffire à fournir l'effectif nécessaire aux différents services de l'armée quand il s'agissait de passer du pied
de paix au pied de guerre ; de plus que le commerce
était obligé de recourir à l'étranger pour satisfaire
complètement aux besoins de la consommation en
chevaux de luxe et de demi-luxe.

« En vain compulsait-on les statistiques, en vain
cherchait-on à démontrer que notre sol si riche et si
varié, renfermait les éléments en tous genres de production, que ces progrès notables s'étaient accomplis et s'accomplissaient chaque jour, les mêmes faits
se représentaient inexorablement : en temps ordinaire
une importation de 20.000 chevaux, dont 12.000 hongres,
affectés au commerce de luxe, et cette importation à

peine atténuée par une exportation de 3.500 à 4.000 têtes ; les ressources réalisables dans ces circonscriptions de remonte militaire ne s'élevant pas, au dire des agents du ministère de la guerre, à plus de 12 à 13.000 chevaux de toute arme, pendant qu'il en faut 56.000 pour passer du pied de paix au pied de guerre. Enfin, en supposant que l'état de guerre vienne à se prolonger, le chiffre du renouvellement de l'effectif militaire est porté de 8.000 à 24.000 chevaux, soit le double de nos ressources réalisables à l'intérieur. »

Entre le poulain qui quitte sa mère et le cheval de quatre à cinq ans, il y a une grande distance, une période d'où dépend son avenir, que l'on peut désigner sous le nom de période d'élevage et pendant la durée de laquelle se développent les organes et les proportions du squelette. C'est précisément à cet âge, où le jeune animal exige des soins, qu'il est confié aux mains les moins expérimentées.

On s'est beaucoup occupé de la production du poulain, et depuis des siècles, des sommes immenses, des écrits de toutes sortes ont été consacrés à l'amélioration de la race chevaline par l'étalon. On a cherché les moyens de tirer le meilleur parti possible du cheval devenu adulte, mais les propriétaires n'ont rien fait pour la période de l'élevage. Le plus souvent ce poulain est abandonné à lui-même ; on se contente de lui donner une nourriture plus ou moins suffisante ; l'on soumet au même régime, au même exercice, les constitutions les plus opposées ; on développe indistinctement les os, les muscles, la graisse, le ventre ou la poitrine. De là tant de chevaux tarés, difformes, sans ensemble, sans proportions ni vigueur, de là tant de déceptions pour l'éleveur.

Quelle est la cause de cet insuccès ? D'où vient le mal et quel peut en être le remède ?

Pour que l'action des haras soit efficace et pour améliorer les races de chevaux, il faut absolument l'intervention collective et simultanée des deux éléments, sans le concours desquels tout succès a été et sera toujours impossible ; c'est-à-dire l'élément administratif, qui donne le pouvoir pour agir, et l'élément scientifique, qui indique les moyens d'opérer rationnellement. Le premier de ces éléments a toujours fonctionné sans le concours sérieux du second ; leur combinaison n'a jamais pu s'effectuer, c'est ce défaut d'union qui a causé le mal dont on s'est toujours plaint au sujet de nos chevaux de guerre.

Et aujourd'hui, où en sommes-nous pour l'amélioration de nos chevaux de guerre ? Opérons-nous mieux que du temps de Colbert, de Buffon, de Bourgelat ? Nous soumettons-nous aux prescriptions des lois de la nature ? Nullement ! Ces lois ne sont pas plus observées en France aujourd'hui qu'elles ne l'ont été dans les temps antérieurs. Quelles en ont été les conséquences ? Elles sont tristes, elles ont été cruelles pour l'armée, dans nos derniers désastres militaires surtout ? Qu'est-ce qu'il faut donc ?

« Il faut, dit M. Bocher dans son rapport du 29 mai 1874, que l'élevage en France soit amélioré successivement, raisonnablement, peu à peu, dans toutes les régions, de façon que tous les services soient satisfaits, avec des chevaux d'une espèce meilleure qu'aujourd'hui, et que, à un moment donné, lorsque l'administration de la guerre aura à chercher dans le pays les 176.000 chevaux dont elle a besoin, elle puisse les trouver. Eh bien! dans ce moment-ci, continue M. Bocher, ce nombre de chevaux n'existe pas, vous le savez, vous en avez des preuves. Hélas! il y en a une qui est bien récente : il y a la preuve de la guerre. »

On a fait alors de grands sacrifices — on n'a reculé devant aucun ; on a acheté, pour ainsi dire, de toutes mains. Qu'est-ce qu'on a trouvé ? On est parvenu en quelques mois à trouver 120.000 chevaux. Mais, dans ce nombre, combien en France ? 80.000. Et parmi ces chevaux, combien de cavalerie ? Pas 20.000 ! Voilà ce qu'en faisant, je le répète, les plus grands sacrifices, en cherchant partout, en réquisitionnant même partout, on est parvenu à trouver dans le pays.

Et remarquons bien ceci : M. Bocher, qui a fait un rapport très consciencieux à l'Assemblée nationale sur les haras et les remontes, a démontré que la France possède 3.025.200 chevaux; il a dit que nous en avons 300.000 de quatre à quatorze ans, c'est-à-dire à l'âge où ils sont propres à servir dans l'armée ; et, sur ce nombre considérable de chevaux, nos remontes ne trouvèrent au moment d'entrer en campagne contre l'Autriche, en 1859, que 12.000 chevaux, alors qu'il en fallait 56.000 et, en 1870-1871 que 20.000, pendant que l'armée allemande écrasait la nôtre avec 300.000 chevaux.

Mais, dira-t-on peut-être, la loi sur les réquisitions de chevaux en cas de guerre nous procurera les moyens de remonter l'armée ; oui, pour les trains des équipages, pour les trains d'artillerie, pour le transport du matériel de guerre, des ambulances, etc., mais non pour la cavalerie. Un régiment de cavalerie ne s'improvise pas du jour au lendemain. Il n'y a pas un cavalier qui puisse soutenir le contraire ; je suis passé par là et je suis sûr de ce que j'avance.

Ainsi en chevaux de trait nous serons pourvus. En chevaux de cavalerie nous ne le serons pas. Ne nous faisons pas illusion. Cela nous coûterait trop cher.

Pourquoi cette infériorité relative de notre noble et belle France ? Et, cependant, y a-t-il en Europe une nation qui ait de plus grandes ressources que la France unie à l'Algérie pour bien produire le cheval de cavalerie en qualité comme en quantité ?

Aucun pays ne peut élever de meilleurs chevaux que la France. Si la France est inférieure aux autres nations de l'Europe pour remonter son armée, c'est que nos chevaux émanent de reproducteurs ou mauvais ou mal adaptés aux lieux où ils ont été placés ; car il ne faut pas oublier cette vérité que le général

L'Hotte, mon ancien écuyer en chef, à Saumur, qui fut plus tard mon colonel, nous répétait souvent : *Le sang remplace presque tout et rien ne remplace le sang !*

Cependant, la production chevaline pourrait être une source intarissable de richesse pour la France.

Dans l'état actuel, elle est inférieure aux besoins du pays, et cependant quelques-unes de nos races sont belles, et bien des contrées des mieux appropriées à l'élevage.

Nous manquons de chevaux de guerre et avons de la peine à pourvoir notre cavalerie de bons chevaux de race indigène, ce qui n'empêche pas l'étranger, plus avisé que nous, d'améliorer ses races en achetant à haut prix nos poulinières et nos étalons.

Depuis bientôt quinze ans que nous avons entrepris l'étude de la question chevaline, nous avons énuméré les causes multiples qui paralysent le développement de notre industrie chevaline.

A côté des institutions hippiques qui dépendent de l'État, on rencontre en France des associations particulières qui, elles aussi, ont la prétention de diriger la production chevaline.

Parmi ces associations, celle de la Société hippique française tient la première place. Cette société organise, tous les ans, sur divers points du territoire, des concours de circonscription, dont le plus important est celui de Paris.

Le but des concours de la Société centrale hippique doit être semblable à celui de tous les autres con-

cours, par conséquent viser l'amélioration des races.
Les concours consistent, en général, dans la réunion
des chevaux des deux sexes ; un jury choisit les meilleurs et décerne à leurs propriétaires, à double titre
d'encouragement et de dédommagement, des primes
consistant en une somme d'argent plus ou moins
élevée ou en un objet d'art ; quelquefois, ces primes
sont accompagnées d'une médaille d'or, de vermeil,
d'argent ou de bronze, suivant le classement obtenu
par les candidats.

L'idée qui a présidé à ces concours était en tous
points excellente, car, bien organisés, ils imprime-
raient à la production chevaline une direction intelligente. Mais, jusqu'à maintenant, ils n'ont pas produit tout le bien qu'on en attendait, parce que leur
organisation a été, nous ne dirons pas médiocre, mais
souvent mauvaise.

Le manque d'unité de vues dans les concours organisés par l'État et les buts si différents que poursuivent
les diverses sociétés feront longtemps encore péricli-
ter l'élevage du cheval de guerre.

Il y a des sociétés qui ne favorisent que l'élevage
du cheval de pur sang, d'autres qui préconisent tel
ou tel cheval de trait, d'autres enfin qui s'intéressent
plus spécialement à l'élevage du cheval de demi-sang,
mais ne visent pas, comme elles le devraient, le but
essentiel qu'avant tout il est nécessaire d'atteindre.

Le but, nous l'avons assez souvent défini : il consiste à trouver les voies et moyens de doter le pays de

la réserve de chevaux de guerre qui lui fait défaut.
C'est là, dans la question chevaline, le point essentiel
à envisager.

Si nous y revenons aujourd'hui, c'est que nous trouvons que, par la nature de ses opérations, la Société
centrale hippique française s'écarte également de cet
objectif.

Elle suit, en somme, les errements des haras, ne se
préoccupant que médiocrement du cheval d'armes.
Aussi les récoltes que font les remontes dans ces concours hippiques sont-elles bien insignifiantes. Les prix
relativement élevés des animaux exposés sont la cause
première de ce manque d'affaires.

La préparation au concours et les frais de toute nature
qui incombent à l'exposant font que le cheval le plus
modeste qu'il y amènera dépassera toujours, comme
prix de revient, les moyennes budgétaires les plus
élevées.

Dans ces conditions, les transactions avec la remonte
ne sont guère possibles, puisque cette préparation au
concours, généralement hâtive, n'a pas augmenté la
valeur intrinsèque de l'animal exposé. Elle permet
peut-être de mieux juger de ses allures; mais, par
contre, il est présenté d'une manière tellement avantageuse qu'il ne faut pas s'étonner si les vrais connaisseurs ne lui trouvent pas toujours toutes les qualités
que le vendeur, d'abord, et bien souvent aussi la galerie inventent au besoin pour le faire valoir. Il est à
remarquer, en effet, que la toilette bien faite, les allures

bien cadencées et l'énergie qu'il semble posséder, mais qui, le plus souvent, n'est due qu'au morceau de gingembre qui accompagne la présentation, sont de fameux trompe-l'œil ; ils le sont à tel point que les plus experts n'échappent pas toujours à l'influence qu'ils exercent sur l'acheteur.

Or, les comités de remonte n'ignorent pas que les chevaux qui leur sont présentés dans ces milieux réunissent à ce moment un *summum* de qualités qu'on a peine à retrouver le lendemain de l'achat ou les jours suivants. Si elles ne sont pas toutes factices, elles ont été cependant considérablement exagérées. Nous conclurons de là que le cheval de concours, tel qu'il est compris par la Société centrale hippique française, n'est pas précisément le cheval de remonte.

Il est fâcheux qu'il en soit ainsi, car cette société, qui compte parmi ses membres des hommes de savoir et d'expérience, est en excellente situation pour aider au développement d'une industrie qui a tant besoin d'être soutenue. C'est aux gros propriétaires et aux marchands de chevaux que va en majeure partie l'argent qu'elle distribue en primes, car les éleveurs proprement dits n'en voient pas souvent la couleur.

Or, qu'elle n'oublie pas que c'est le petit éleveur qui est le pourvoyeur habituel des remontes, par conséquent de notre armée.

C'est pour ce motif que nous appelons particulièrement l'attention de la Société hippique française sur la production et l'élevage du cheval de remonte : en protégeant cette industrie, elle justifierait bien mieux du titre d'établissement d'utilité publique qu'elle porte sur son frontispice.

« Il n'est aucune branche de l'art agricole, dit Mathieu de Dombasle, sur laquelle on ait plus écrit que sur l'amélioration des races de chevaux, et il n'en est aucune dont le gouvernement se soit occupé avec plus d'activité et de persévérance. »

Ce qui était vrai hier l'est également aujourd'hui, car ce qu'écrivait Mathieu de Dombasle en 1849, il pourrait l'écrire encore aujourd'hui, parce que nous sommes dans la même situation qu'à cette époque.

Nous manquons d'un cheval léger pour la selle.

Sans doute, ce n'est point pour arriver à un pareil résultat que tant d'écrivains ont pris la plume, que tant d'orateurs sont montés à la tribune. L'intérêt agricole pour les uns, l'intérêt militaire pour les autres, pour tous l'intérêt national sollicitaient de la part du gouvernement une solution qui importe à la prospérité du pays, à sa puissance, peut-être à sa sécurité.

Il y aurait folie à persévérer dans le système qui nous a conduits où nous en sommes, et l'administration engagerait grandement sa responsabilité si elle continuait à suivre la même voie. Ce système doit être abandonné.

Et ce qui prouve que les institutions sont vicieuses, c'est que nos races de chevaux que l'agriculture a élevées, perfectionnées sans l'intervention de l'État, pour son usage et son commerce, ne laissent absolument rien à désirer et sont très distinctes les unes des autres et propres aux diverses spécialités de services auxquelles elles sont employées. Ainsi la forte race boulonnaise, si puissante pour le gros trait, ne sera jamais confondue avec la percheronne légère, si précieuse pour les postes et les messageries. La première a la tête forte, l'encolure un peu épaisse, les épaules grasses, le dos et les reins courts et larges, la croupe arrondie et fortement musclée ; les membres sont vigoureux et d'aplomb; elle fournit des individus du plus beau type connu comme puissance musculaire. La conformation du percheron, plus léger, a quelque analogie avec celle du boulonnais ; sa tête est carrée, son encolure un peu forte ; le garrot est moyennement sorti, le dos et les reins sont courts, la côte est bien marquée, la croupe est bien arrondie, bien musclée, les membres sont fort et nerveux, la robe est ordinairement grise.

Les percherons se reconnaissent partout.

Les chevaux comtois sont plus forts, plus lourds que les percherons ; ils ont moins l'aptitude à la vitesse exigée par les postes, les omnibus, mais ils sont très bons pour le roulage. Leur taille est d'environ 1 m. 50 à 60 centimètres ; ils ont la tête forte, l'encolure mince en proportion ; leur dos et leurs reins sont plus longs que dans les races boulon-

naise et percheronne ; leur croupe est avalée, cour-
bée en forme de toit, plate et élargie, leurs membres
sont bien musclés, leur robe est généralement bai ou
noir mal teint.

On reconnait aussi les chevaux bretons à leur tête
camuse et carrée, à leur corps trapu, à leur encolure
courte et charnue, à leur croupe double, à leurs côtes
arrondies ; leurs membres sont forts et court-jointés ;
leur robe est généralement grise. Comme les percherons, ce sont de bons serviteurs ; à quelque travail
qu'on les emploie, ils paient toujours largement leur
consommation.

Toutes nos races d'animaux élevés par l'agriculture,
livrée à elle-même, à son bon sens naturel, sans con-
seils, sans guides officiels, ont le cachet de leur localité,
leur type ; presque toutes répondent parfaitement
au besoin de leur destination. On ne se plaint pas du
service de nos percherons, de nos bretons, de nos
boulonnais, de nos comtois, etc.; la seule variété qui
satisfasse moins que jamais aux exigences est précisément celle dont l'Etat a dirigé la production. Li-
sez tout ce qui a été écrit par les hommes spéciaux
de tous les temps, et surtout depuis une vingtaine
d'années ; consultez l'agriculture, elle qui doit être
le premier comme le meilleur juge, puisqu'elle paye
cher les écoles qu'elle a créées : vous verrez que le
perfectionnement du cheval léger, du cheval de selle,
n'a jamais répondu aux dépenses énormes qu'on a
faites pour lui depuis quelques années.

18

Allez visiter tous les pays d'élevage de chevaux légers, étudiez leurs produits dans les foires et les marchés, dans les dépôts de remonte, dans les régiments, dans les réunions de tout ordre : vous ne trouverez ni type français, ni race, ni famille, ni tribu, pas plus au midi qu'au nord, à l'est qu'à l'ouest. C'est une anarchie, une confusion de produits dans laquelle nous défions le plus fin connaisseur de se reconnaître.

Il trouvera bien les indices de la route qu'on a voulu suivre ; mais elle a été tracée de manière à arrivé aux tristes résultats que nous déplorons. On voit dans presque tous les chevaux des marques de noblesse de sang, ici dans la tête, là dans les membres, ailleurs dans le garot, la croupe, l'encolure, la peau, les pieds, dans tout le corps ; mais, au milieu de tout cela, on trouve si peu d'harmonie d'ensemble, les rouages de la locomotion sont si mal coulés, si mal agencés partout où on les étudie qu'il est impossible qu'ils fonctionnent convenablement et longtemps.

Aujourd'hui, il n'y a plus trace des anciennes races légères de chevaux français. On a défait les races. Qu'avons-nous fait pour les remplacer ?

Le vrai type du cheval de selle est incontestablement le cheval de pur sang ; mais on ne peut songer à le produire en nombre assez considérable pour en pourvoir toute notre cavalerie.

Il est à peine possible de trouver aujourd'hui un nombre suffisant d'étalons de cette race capables de créer, dans l'espèce des demi-sang, les reproducteurs possédant à la fois la conformation et les aptitudes du cheval de selle. Ceci explique pourquoi les chevaux classés dans notre cavalerie de réserve et de ligne ne sont le plus souvent, que des chevaux à *deux fins*.

Ils se rapprochent bien plus du modèle des chevaux d'attelage que de celui du cheval de selle, et ils entrent dans les rangs de l'armée à défaut de ce dernier.

Cependant, si nos chevaux de demi-sang étaient améliorés par le sang, ils réuniraient bientôt à une forte constitution la souplesse et la vigueur que doit posséder le cheval de selle.

Que l'on laisse à l'industrie privée le soin de créer les carrossiers, qui font gagner gros aux éleveurs et plus encore aux marchands, mais qui n'en constituent pas moins de médiocres chevaux de selle sans être pour cela de bons chevaux de tirage, car la qualité recherchée chez les animaux de luxe est caractérisée par leur longueur : ils couvrent beaucoup de terrain, comme disent les officiers de haras. Or peut-on admettre qu'un cheval qui, le plus souvent, ne doit sa longueur qu'à l'étendue de son rein, soit un bon cheval de selle ? Aura-t-il même pour la voiture la puissance que donne un rein large et bien soudé ?

Si, comme tout autre industrie, la production chevaline se faisait au gré du consommateur, les remon-

tes ne seraient pas forcées d'acheter pour la selle
des chevaux aussi mal équilibrés, impossibles à
asseoir sur l'arrière-main et d'une conduite fort
difficile. Mais les remontes doivent fournir un con-
tingent annuel de tant de chevaux pour chaque arme :
si donc elles n'achetaient pas les carrossiers, la moitié au moins des régiments de cuirassiers et un bon
tiers des dragons seraient à pied.

C'est aux haras qu'incombe en partie ce fâcheux
état de choses. Les haras représentent en effet,
avec les propriétaires de juments, l'élément producteur de l'industrie chevaline. L'élément consommateur réside, par contre, dans le commerce et surtout
dans l'armée, qui consomme, sans conteste, le plus
grand nombre de produits indigènes d'un prix
élevé.

Or, les remontes, qui opèrent pour l'armée, demandent au producteur un cheval d'un modèle défini.
Comme le producteur ne possède qu'un des deux éléments nécessaires à la confection de ce cheval, il
s'adresse à l'*auxiliaire*, c'est-à-dire aux haras que
l'État met à sa disposition pour fournir le second. Mais,
pour créer un ensemble conforme au modèle désiré
par le consommateur, il faut que les deux éléments
producteurs possèdent avant tout les formes et les
qualités recherchées.

Nous convenons que les juments sont généralement de médiocre qualité ; mais, dans les pays d'élevage, les montes se transformeraient sans doute si

les reproducteurs placés dans ces régions étaient
mieux choisis et si les encouragements à l'élevage
du cheval de guerre étaient plus rémunérateurs et
mieux répartis entre les diverses catégories à primer.

Une simple inspection faite de bonne foi suffit
pour reconnaître que c'est là le vice radical qui,
depuis si longtemps, nuit à la production du cheval de
guerre.

LES RACES LÉGÈRES FRANÇAISES

CHAPITRE XIV

LES RACES LÉGÈRES FRANÇAISES

Il n'est pas utile, assurément, pour arriver à se former une idée exacte de ce qu'étaient nos anciennes races chevalines, de remonter jusqu'au déluge et je pense qu'en recherchant ce qu'étaient ces animaux au moment de l'arrivée des Romains dans les Gaules, et en suivant pas à pas leur histoire depuis ces temps suffisamment reculés, nous aurons les éléments d'une appréciation tout à fait juste de ces races si glorieuses aux époques où elles trouvaient un utile emploi. Généralement, je l'ai répété souvent, les auteurs spéciaux parlent de ces chevaux limousins, marchois, auvergnats, navarins et autres sur la foi des auteurs qui les ont précédés et tous redisent à l'envi les doléances déjà exprimées, se bornant à peine à en changer les termes. Je ne veux pas procéder de même et je compte exposer l'historique que j'entreprends, d'une façon sommaire, cependant, sur les documents les plus certains, puisés dans les archives locales principalement, et dans les historiens contemporains des faits qu'ils rapportent.

Saint Grégoire de Tours nous apprend qu'avant l'arrivée des Romains, la Gaule, habitée par des peuplades guerrières et agricoles, était une contrée riche en hommes énergiques qui se livraient à l'élevage des bestiaux de toute sorte et qu'ils élevaient dans le centre de la France, portion dominée par la puissante confédération des Arvennes, des chevaux nerveux et légers, de taille moyenne, très sobres et durs à la fatigue. Ils font leur première apparition dans l'armée nationale de Vercingétorix, et César, vainqueur de la Gaule, fut tellement frappé de la valeur des hommes et des qualités de leurs chevaux, qu'il en forma des corps de cavalerie qui devinrent, avec la discipline de l'armée romaine, les plus redoutables parmi les barbares. Labienus les commandait.

Les historiens anciens ne nous renseignent pas sur le caractère de la race des chevaux à cette époque éloignée, ni sur la manière de les élever. Tout ce qu'on peut présumer, c'est que cette race vivait à

l'état presque sauvage, qu'elle se nourrissait avec
abondance ou qu'elle vivait de privations, suivant que
la saison, dans un climat assez changeant, favorisait
la végétation ou l'arrêtait complètement. Les chevaux
ainsi élevés devaient être par conséquent sobres et
endurants ; mais ils étaient aussi par cela même de
petite taille. La race se maintenait toujours la même,
puisque les éléments étrangers lui faisaient défaut.

Lorsque les Romains eurent conquis la Gaule, qu'ils
gardèrent sous leur domination pendant cinq cents
ans, ils se firent là, comme dans les autres pays
qu'ils avaient conquis, les propagateurs des améliorations qu'ils savaient apporter partout où leur génie les
conduisait. Les patriciens, attirés dans les Gaules par
le climat plus doux que celui de l'Italie, y établirent
des résidences d'été et amenèrent avec eux le luxe et
les habitudes de Rome. Ils s'établirent dans les lieux
fertiles où ils installèrent des haras, notamment sur
les bords du Rhône, en Auvergne et en Limousin.

Dans ce pays, César avait placé, sous les ordres
de son lieutenant Labienus, deux légions accompagnées d'un corps de cavalerie formé de Numides. Ce
fut de cette époque que datèrent les premiers rapports
avec les étalons d'Orient. De plus, le commerce de
Marseille avec la côte d'Afrique contribua à fournir
au midi de la Gaule et de proche en proche aux pays
voisins, des chevaux africains qui vinrent se croiser
avec les races locales laissées par les Gaulois. « Marseille, dit saint Grégoire de Tours, faisait un com-

merce très considérable d'épices, d'huile, de chevaux, qui lui venaient des côtes d'Afrique. »

Les Romains, qui ne négligeaient rien de ce qui pouvait contribuer à leur grandeur comme à leur bien-être ou à leurs intérêts, s'appliquèrent à donner à leurs chevaux toute la valeur dont ils étaient capables. Ils imprimèrent l'élan à l'agriculture et ils établirent de vastes haras dont on a découvert un emplacement, il y a déjà une quarantaine d'années. Rien n'y manquait : vastes bâtiments, cours spacieuses, fontaines et jets d'eau, parcours étendus ; en somme, le luxe joint à tous les soins les plus compris. On y voyait même la statue de la déesse Epona, protectrice des chevaux et des écuries.

Voilà donc le sang oriental introduit dans les races de la vieille Gaule ; il est le premier élément améliorateur et même le seul qu'aient employé les Romains. Les chevaux qui se trouveront dans le pays pendant toute leur occupation, jusqu'à l'invasion des Francs, seront ceux que nous y rencontrerons pendant encore tous les siècles suivants. Les races dont nous entendrons plus tard, près de nous, déplorer la perte, étaient créées. Nous allons les suivre jusqu'à nos jours.

Les Francs ont envahi le nord de la Gaule ; les Romains se retirent devant ces barbares, qui n'ont rien de plus pressé que de s'attacher aux progrès hippiques, œuvre de leurs devanciers. Ils trouveront dans le pays des Lemovices et des Arvernes une race de chevaux excellente qui est déjà appréciée à sa valeur, à cause de son appropriation parfaite aux besoins de l'époque. Je suis convaincu que le passage d'une lettre du temps, que je vais citer, est la source des éloges qui se sont perpétués sur cette fameuse race limousine, qui fut plus tard déchue, sinon de ses qualités, du moins de son utilité, par rapport aux besoins qu'elle représentait. C'est Ruricius, évêque de Limoges, qui, en 500, écrivait à son ami Sedatus, évêque de Nimes, pour lui annoncer l'envoi d'un cheval limousin qu'il lui offrait en cadeau :

« Je vous envoie, écrit-il, un cheval de notre précieuse race limousine, tel que je crois qu'il vous est nécessaire : d'une douceur parfaite, sain de membres, d'une vigueur éprouvée, de formes élégantes, d'une forte structure, de grande haleine, d'une démarche assurée, d'une docilité extrême, etc. »

Il paraît établi, par ce que nous avons vu jusqu'à présent, que la race gauloise primitive croisée avec les étalons orientaux introduits par les cavaliers de César venus de Numidie, et par les commerçants de de Marseille, a formé ces races centrales de la Gaule plus nouvelle. Nous allons trouver de nouvelles infusions de ce sang africain dans l'invasion des Sarrasins vaincus à la bataille de Poitiers (732) par Charles Martel. Les débris de l'armée d'Abdérame, leur chef, tué dans la mêlée terrible où périt une quantité énorme de Sarrasins, se répandirent vers le midi, vers l'ouest et vers l'est, où beaucoup restèrent et s'établirent. C'est ainsi que le centre hippique de la

France se trouva de nouveau en contact avec ces précieux chevaux qui vinrent de nouveau croiser nos races.

Enfin Charlemagne vint donner un nouvel élan à cette production chevaline. Ce puissant génie qui ne dédaignait pas d'entrer dans les plus petits détails de l'administration de son vaste empire, recommande, dans ses Capitulaires, les soins les plus attentifs qu'il faut apporter dans l'élève des chevaux. On pourrait presque le considérer comme le fondateur de l'idée d'une administration des haras en France, si on peut donner ce nom à un semblant d'organisation ou plutôt à un ensemble de prescriptions à ses intendants. Quand l'empereur visitait ses provinces, les intendants de ses domaines « étaient tenus d'amener au palais où Charlemagne se trouvait, le jour de la Saint-Martin d'hiver, tous les poulains de quelque âge qu'ils fussent, afin que l'empereur, après avoir entendu la messe, les passât en revue ».

Dans ses instructions, qui sont le premier germe d'institutions hippiques régulières, il disait : « Nous voulons que nos officiers prennent grand soin des chevaux reproducteurs et ne leur permettent, sous aucun prétexte, de séjourner longtemps dans un même endroit. » Nous voyons par là qu'il redoutait plus les effets de la consanguinité pour les chevaux que pour la race humaine, si l'on en croit les scandales qui se seraient passés dans sa famille. Il ajoute : « Si l'un d'eux est mauvais ou trop vieux, ou qu'il meure, ils doivent (les officiers) nous le faire savoir en temps opportun, avant que l'époque ne vienne de l'envoyer parmi les juments ». C'était, comme on le voit, la monte en liberté, et ce qui prouve qu'aucun détail ne lui échappait, c'est la prescription relative au sevrage et à la séparation des sexes : « Ils doivent (toujours les officiers) bien garder nos juments et séparer nos poulains à temps, et, si les pouliches viennent à se multiplier, elles doivent être séparées et rassemblées en un troupeau à part »

Les relations qu'entretint Charlemagne avec les souverains de l'Orient et les cadeaux en chevaux qu'il reçut de ces pays, contribuèrent encore puissamment au renouvellement du sang oriental dans les races dont nous nous occupons ici. Tous les historiens du temps, entre autres Eginhard, sont là pour attester ce fait.

Entre le règne de Charlemagne et celui de Henri IV, se déroule une nouvelle phase intéressante à étudier, où l'action de la féodalité, des croisades et des monastères, exerça une influence considérable dans le perfectionnement et le maintien des races légères, les plus nombreuses dans le pays de France, à cette époque, parce qu'elles y étaient les plus utiles.

Le Moyen âge qui commence nous montre les seigneurs, possesseurs de fiefs, élevant sur leurs domaines les chevaux qui leur sont nécessaires pour les services variés qu'exigent leur état de maison et leur métier de guerriers. Ce Moyen âge, dont on ne

peut se faire une idée exacte, sans l'étudier dans tous
ses détails et sous toutes ses faces, nous montre
aussi les monastères comme l'un des centres principaux de l'élevage intelligent à cette époque où les
sciences s'étaient réfugiées dans leurs murs. Le cou-
vent, à l'origine, est une école littéraire et agricole,
un hospice et une hôtellerie. Les ordres les plus
anciens étaient dirigés vers les soins de l'agriculture.
L'activité, l'intelligence des moines, leur austérité,
leur assurent bientôt des richesses considérables, et,
chose digne de remarque, les monastères étaient
ordinairement placés dans des vallées naturellement
fertiles, près des rivières, des ruisseaux, entourés de
vastes prairies. Tout s'y rencontrait : et le charme de
la solitude, et une terre bienfaisante, qui, sous des
mains aussi habiles, donnait les produits les plus variés.

Ces abbayes, qui ont commencé à couvrir le pays
depuis le commencement du huitième siècle, élevaient un nombre considérable de chevaux et, comme
les seigneurs et les hauts barons, elles possédaient
des haras considérables et productifs pour elles par le
grand commerce qu'elles faisaient de leurs chevaux.

La terreur inspirée par la date fatidique de l'an 1000,
date exploitée avec science par les moines, amena
chez eux un regain de prospérité par les dîmes de
toutes sortes qui affluèrent dans les monastères. De
plus, comme les abbayes possédaient beaucoup de
fiefs, elles avaient besoin d'un grand nombre de chevaux pour satisfaire aux nécessités du temps et

fournir des hommes d'armes « quand le roy semon-
çait ses chevaliers pour la guerre ». Les richesses
que les moines possédaient, leur merveilleuse entente
de l'administration et du commerce, avaient mis à
leur disposition des étalons d'Orient par la voie de
Marseille, de Venise, de Gênes et d'Espagne.

Les chevaliers de Malte, par leur proximité et leurs
relations avec l'Orient, et l'obligation où ils étaient
de posséder une bonne cavalerie pour combattre les
infidèles, avaient à leur disposition les plus beaux
étalons de la Syrie. Ils les envoyaient dans leurs com-
manderies du Limousin, de la Marche et de l'Auvergne,
où ils possédaient des haras considérables, et rien
n'était plus naturel que ces arrivages de chevaux de
cette provenance, puisque de 1421 à 1582, les grands
maîtres de l'Ordre appartinrent à ces provinces.

Parallèlement aux religieux, les seigneurs s'occupaient activement de la production chevaline.

Pendant tout le temps du Moyen-âge, les écuries
nombreuses des seigneurs se remontaient, pour leurs
palefrois et leurs haquenées, en Limousin, en Marche,
en Auvergne, en Navarre. La production était assurée,
puisque la vente, l'écoulement des produits se faisaient naturellement. Ces chevaux, d'un sang précieux,
d'une nature distinguée, se vendaient fort cher. Les
éleveurs étaient nombreux ; grands et petits y faisaient
leurs affaires.

On s'est demandé à quelle époque le cheval limousin avait eu sa plus grande vogue ? Nous n'hésitons

19

pas à répondre : à l'époque où il se trouvait des grands seigneurs qui le payaient ce qu'il valait.

Cette époque a duré jusqu'à la fin du règne de Louis XIV; Richelieu, voulant faire l'unité du pouvoir royal, tout centraliser dans la main du souverain, écrasa les grands, détruisit leurs châteaux. Louis XIV les attira ensuite à la cour et, de grands seigneurs qu'ils étaient, il en fit des courtisans qui laissèrent l'élevage des chevaux entre les mains de leurs intendants, lesquels préférèrent élever des bœufs, des vaches, des mulets que s'occuper de chevaux. Le produit des bêtes à cornes est, en effet, plus certain; il ne faut, pour y réussir, ni autant de soins ni autant d'argent. Et si, à ces causes de décadence hippique on joint les guerres nombreuses de Louis XIV qui consommèrent une grande quantité de chevaux, on ne s'étonnera plus si, à la fin de son règne, ce souverain importait pour plus de cent millions de chevaux étrangers par an.

Certains auteurs ont prétendu que les croisades furent l'époque où le sang oriental fut introduit pour la première fois en Europe ! Je ne suis pas de cet avis. Ces guerres furent, sans conteste, le plus important spectacle du Moyen-âge; tous les grands seigneurs partirent pleins d'illusions et de confiance pour combattre les Sarrasins; ils pensaient aller là comme à une fête et emportaient avec eux tout ce qui pouvait rehausser l'éclat de leur blason. Mais dans quel état revinrent-ils pour la plupart? Loin de pouvoir rame-

ner des chevaux, beaucoup revinrent avec une besace
et le bâton du pèlerin mendiant. Il est plus probable
que les croisades furent l'occasion d'une nouvelle
introduction du sang oriental par les rapports com-
merciaux qui s'établirent entre l'occident et l'orient
et, ainsi que nous l'avons déjà indiqué, par les grands
maîtres de l'ordre de Malte.

Avant l'invention de la poudre et l'introduction de
l'artillerie dans les armées, la manière de combattre
différait notablement de celle qui a suivi immédiatement ces innovations. Les chevaux de bataille ne
devaient pas être les mêmes que ceux qui étaient
nécessaires auparavant et nous en avons la preuve
dans l'énumération des différents types en usage dans
les grandes maisons seigneuriales. Les destriers qui
venaient de Normandie, de la Bretagne, de l'Alle-
magne servaient à peu près exclusivement au seigneur
pour la bataille. Les palefrois, les haquenées venaient
du Limousin, de la Marche, de l'Auvergne ou de la
Navarre. Les Roussins, généralement ambleurs et
plus communs que ces derniers servaient à porter les
hommes d'armes dans leurs déplacements. Quant au
sommier ou cheval de bât, il était lent et le plus
commun, et il servait à porter les bagages et les vivres.

Si on examine les armures des chevaliers aussi bien
que celles de leurs destriers, on est forcé de convenir
que ces chevaux devaient être d'une grande taille,
d'une force considérable pour porter des poids semblables et que les mouvements, s'ils étaient puissants,

ne devaient pas être d'une agilité extraordinaire.
Aussi la légende qui nous montre des tournois, où
les combattants montés sur leurs chevaux de bataille,
tout couverts d'une couche de fer protectrice, se
ruent au galop le plus rapide l'un sur l'autre,
doit-elle être écartée des conceptions qu'il convient
de retenir. Il est assurément plus certain que ces
hommes armés de pied en cap, montés sur des chevaux également bardés de fer se précipitaient l'un
sur l'autre à une allure plus voisine de celle du pas
ou du petit trot, qu'à ce galop effréné qui fait bien
dans un récit ou dans un tableau, mais qui ne pouvait être en réalité qu'une fiction pure.

L'invention de l'artillerie et des armes à feu porta-
tives, malgré leur imperfection initiale, força donc à
remplacer ces lourds combattants par une cavalerie
plus légère et plus mobile. Alors parurent les lans-
quenets, les stradiotes, les carabins et les dragons
qui, montés sur des chevaux de taille moyenne et
d'allures plus rapides, répondaient davantage aux
besoins que les inventions nouvelles avaient créés,
et, à partir de François Ier les palefrois du Moyen-
âge vinrent remplacer, comme chevaux de bataille,
les anciens et fiers destriers. Ce fut l'époque où les
chevaux légers du centre et du midi commencèrent à
avoir la plus grande vogue. Louis XII commença cette
création d'une cavalerie légère, qui porta le nom à
cette époque, de Stradiots ou Argoulets, qui devaient
bientôt se changer en celui de Chevau-légers. Fran-

çois Ier augmenta encore le nombre de ces cavaliers
qu'Henri II porta au nombre de trois mille. C'était le
beau temps de l'élevage pour ces provinces du
Limousin, de l'Auvergne, de la Marche et pour le
Midi. On produisait beaucoup parce que tout se ven-
dait et se payait cher. Les écuries des grands seigneurs, des abbayes, des membres des parlements,
consommaient aussi une grande quantité de chevaux;
et les races se relevaient et se maintenaient dans
leur beauté, par l'introduction incessante d'étalons
barbes ou arabes, qui arrivaient par l'Espagne, Marseille, Gênes et Venise.

Cet état prospère se maintient jusqu'à Louis XIV.
Lorsque la hache de Richelieu eut tué les grands
feudataires, lorsque leurs châteaux furent renversés,
et que Louis XIV eut attiré à la cour les seigneurs
qui se ruinaient, pour y paraître avec éclat, et qui
laissaient aux soins de leurs intendants la production
chevaline, les grandes écuries se dépeuplèrent et les
soins des nobles palefrois tombèrent aux mains des
métayers, des laboureurs ou de petits propriétaires
qui, naturellement, se livrèrent à un élevage moins
dispendieux et moins aléatoire que celui du cheval.

Personne ne contestera, à coup sûr, que, jusqu'au
moment où Richelieu décapita la féodalité en France,
ce pays ne tint le premier rang, parmi tous les États
de l'Europe en tout ce qui concernait l'élevage des
chevaux. Les grands seigneurs, on pourrait même dire
les seigneurs petits et grands, trouvaient leurs inté-

rêts, leur plaisir, leur force et leur gloire, à produire un cheval excellent et répondant à un but utile et aux existences qu'ils menaient à cette époque.

Lorsque Richelieu eut fait disparaître ou eut amoindri la puissance de la féodalité, le temps ne fut pas long où l'on ressentit le contre-coup de cet abaissement par la décadence rapide de la production chevaline, aussi bien pour la qualité que pour la quantité ; et, devant l'évidence du mal, devant les millions qui sortaient chaque année du royaume, pour subvenir à l'entretien de l'armée et aux divers services, le gouvernement de Louis XIII, frappé de la décadence des races, résultat de la destruction des haras des grands seigneurs, rendit en 1639 un édit qui organisait ces haras aux frais de l'État.

Les résultats de cet édit furent tout à fait négatifs ; vingt-six ans plus tard seulement, Colbert revenant à la pensée d'une organisation forte et puissante, constitua les haras, par un arrêt du conseil en date du 17 octobre 1665.

Cet arrêt, ainsi que tous ceux qui suivirent, ont prévu, autant que possible, tous les besoins d'une administration bien entendue. Voici le préambule de l'arrêt de 1665 :

« Le Roy, voulant prendre un soin tout particulier de restablir les haras dans son royaume, ruinez par les guerres, mesme de les augmenter, afin que les subjets de Sa Majesté ne soient plus obligés de porter leurs deniers en pays estrangers, a fait visiter les haras qui restent et les lieux propres pour en establir, achepter des chevaux entiers en Frise, Hollande, Danemark et Barbarie, pour servir d'estalons, etc. »

Ce fut M. de Garsault, le premier gouverneur du haras du Pin, après l'organisation définitive, qui fut chargé de distribuer ces étalons dans les lieux les plus convenables des provinces. On les confiait aux soins et à la garde de personnes honorables qu'on encourageait par de nombreux privilèges. S'ils se chargeaient du soin et de la garde des étalons royaux, ils étaient en retour déchargés de tutelle, curatelle, logement des gens de guerre, guet, garde des villes, collecte des tailles et de trente livres d'icelle sur chaque année. Ils étaient autorisés à prélever cent sols par jument saillie. Ces privilèges sérieux amenèrent quantité de demandes de la part de personnes qui s'offraient à tenir des étalons pour jouir de ces avantages.

Ces nombreuses demandes provoquèrent l'arrêt du 29 septembre 1668 qui, après avoir rappelé les conditions signalées dans l'édit 1665, renfermait les dispositions suivantes : « Sa Majesté déclare offrir à ceux qui voudront avoir des étalons à eux, les mêmes avantages que ceux qui détiennent les étalons du Roi. Tous ceux donc qui, à l'avenir, désireront tenir des étalons leur appartenant, seront tenus d'en faire la déclaration au greffe des élections dont ils dépendent. Il est défendu, à toutes personnes, de quelque qualité et condition qu'elles soient, de tenir aucuns étalons

qui n'aient été vus, approuvés et marqués, à peine de
confiscation des étalons et de trois cents livres
d'amende. Il est également défendu de faire saillir de
trop petites cavales, aveugles ou incapables de porter
de bons poulains, sous peine de confiscation,
d'amende et de pertes des privilèges accordés. »

Voilà des mesures qui, aujourd'hui, feraient crier
« à l'arbitraire » et qui, cependant, seraient efficaces
pour la régénération des races actuelles. Mais il est
admis que l'étalon doit tout faire ; que, par conséquent, l'administration des haras est seule responsable
de la qualité de la production, et que le propriétaire
d'une mauvaise jument est lésé par l'État qui ne lui a
pas fourni un bon élément. On ne cherche pas
ailleurs que dans l'étalon l'infériorité du produit ; la
mère n'est jamais coupable. On ne veut pas voir non
plus que l'éleveur est généralement le premier à
tromper l'administration des haras, comme on en a
eu la preuve il y a quelques années aux achats, à
Caen, où un chevalier de la Légion d'honneur n'a
pas craint de présenter un cheval *falsifié* aux agents
du gouvernement qui, lui, ne lui avait pas attaché
sur la poitrine une croix de mauvais aloi, qu'il a du
reste encore, du moins je le crois.

Comme il est difficile, dans une organisation nouvelle, de tout prévoir du premier coup, les arrêtés pris
depuis 1665 furent nombreux pour réglementer ce
service ; et si toutes les précautions prises avaient été
observées, si toutes les conditions avaient été exécu-

tées de bonne foi, nul doute que le résultat n'eût été complet. Les privilèges accordés, les secours, une direction prévoyante étaient le gage d'un succès assuré. La négligence de certains intendants fut la pierre d'achoppement où devaient se heurter les règlements si précis et si savants des ministres qui les avaient édictés. Il y eut bien quelques hésitations inhérentes au manque de fixité de la direction, qui flotta d'abord de la guerre à la marine et de la marine à la guerre; mais, sous ce rapport, nous en avons vu bien d'autres depuis.

Enfin, le 19 mars 1764, l'arrêt du conseil du roi réunissait à perpétuité, à la charge du grand écuyer, les haras de Normandie, Limousin et Auvergne. Le prince de Lambesc était nommé grand écuyer, et, pendant sa minorité, sa mère exerça l'office. Elle s'adjoignit deux écuyers du roi : le marquis de Briges pour la Normandie et le marquis de Tourdonnet pour l'Auvergne et le Limousin.

L'historique des haras depuis cette époque est trop connu pour qu'il soit nécessaire de poursuivre cette étude dans ce sens. Il s'agit ici de la race limousine, type principale des races légères du centre de la France, et comme l'objectif que nous avons est de faire ressortir la qualité de ces précieuses races, il n'est pas hors de propos de terminer cette trop longue recherche par cette citation d'un grand chasseur du Bourbonnais, le baron Boisrot de Lacour :

« Tous les amateurs de chasse de nos jours savent

que les chevaux limousins, auvergnats, marchois, sont loin d'avoir la vitesse des anglais, mais ils soutiennent mieux qu'eux une fatigue journalière et répétée plusieurs jours de suite. » (*Journal des haras*, 1829.)

A l'appui de cette opinion, voici le fait que raconte le marquis de Bonneval, témoin oculaire (*Journal des haras* 1829); il s'agit de la jument *Sauvage* qui appartenait à M. de Coux.

Née chez M. de Coux, éleveur renommé du Limousin, cette jument, à laquelle on donna ensuite le nom de *Sauvage*, était fille d'*Orox*, cheval anglais de pur sang et d'une jument limousine. Lorsqu'elle eut un an, M. de Coux lui trouvant une figure commune et une conformation désagréable (elle avait les hanches plus hautes que le garrot), la vendit à M. de Lépinas, son voisin, qui l'éleva. Mais son premier propriétaire l'ayant vue travailler dans une chasse qu'elle fit à l'âge de cinq ans, il lui reconnut de si grands moyens qu'il s'empressa de la racheter.

Rentrée dans l'écurie de M. de Coux et, dès lors, mieux soignée, beaucoup mieux nourrie et développée par un exercice journalier, elle ne tarda pas à montrer une force et un fonds qui, peut-être, auraient étonné les sportsmen anglais les plus difficiles.

Personne, assurément, ne saurait révoquer en doute la force et la vitesse dont font preuve les chevaux de chasse que produit l'Angleterre; mais l'on sait aussi que les grands moyens que déploient ces animaux ne

sont très souvent que le résultat de soins attentifs et
du genre de nourriture que les connaissances étendues
des Anglais, en ce genre, leur ont appris à leur admi-
nistrer à propos, et que ce n'est en général que par
une préparation et un entraînement bien entendus
qu'ils parviennent à obtenir les chevaux, qui sont
l'objet d'un étonnement continuel par le fonds et la
force qu'ils montrent dans les chasses au renard, où
nos voisins courent et sautent beaucoup plus qu'ils ne
chassent.

Si donc nous songeons, que c'est à l'art de leurs
propriétaires, que ces coureurs fameux doivent leur
surcroît de force et d'haleine momentanée que nous
admirons en eux, quelle ne doit donc pas être notre
admiration en voyant une jument, comme celle de
M. de Coux, déployer des moyens aussi étonnants que
ceux des chevaux de chasse anglais, sans préparation
et sans entraînement aucuns !

Le nom de *Sauvage* lui avait été donné parce qu'elle
était susceptible, chatouilleuse et même un peu
ramaingue ; mais la nature, en lui refusant la beauté,
lui avait accordé toutes les qualités solides et essentielles. M. de Coux en fit sa jument de chasse et l'employa en outre à toutes les commissions de la maison.
Ces services si divers et si multipliés n'étaient rien
pour elle ; souple, forte, vite et légère, elle courait
avec une endurance toujours nouvelle et, cependant,
M. de Coux ne l'épargnait pas ; car, bien que très
digne homme de cheval d'ailleurs, une fois en selle,

sa tête devenait très vive, et il imposait à *Sauvage* des tours de force qui auraient effrayé tout autre que lui. Il ne connaissait d'autre allure pour elle que le galop plus ou moins allongé ; nul obstacle ne pouvait l'arrêter.

L'on chassait beaucoup alors en Limousin, et M. de Coux, monté sur *Sauvage*, ne manquait pas une seule de ces parties ; et d'ailleurs, soit seul, soit en réunion, il chassait régulièrement pendant toute la saison, trois fois par semaine au moins.

Les jours où il se reposait, la malheureuse jument ne partageait nullement ses loisirs ; les courses d'affaires, les commissions, et même les provisions de la maison, tout était encore fait par elle ; en un mot, on peut dire que tant que durait le jour, la selle était en permanence sur son dos.

Ce n'était pas tout : M. de Coux ordonnait à ses gens de la mener au galop, comme il le faisait lui-même. Il demeurait à Masseré, bourg éloigné de onze lieues de Limoges où ses affaires l'appelaient souvent, et toujours la distance qui l'en séparait était parcourue par lui en deux heures ou deux heures et demie.

Vouloir citer toutes les courses extraordinaires que *Sauvage* a mises à fin me serait impossible ; j'en choisirai deux qui me paraissent également remarquables et qui pourront donner une idée des moyens de cette jument.

Une chasse au sanglier avait été arrêtée et le rendez-vous fixé chez M. de Coux. Le jour où elle devait

sé faire, on se lève de grand matin et l'on s'assied
presque aussitôt à un déjeuner copieux où, suivant
l'un de ces vieux usages de nos pères que l'on conservait encore à cette époque, le vin ne fut point épargné ;
l'on se trouvait gai en montant à cheval. M. de Coux
avait prêté *Sauvage* à l'un de ses amis, M. de Josselin,
veneur intrépide, que les libations du déjeuner
avaient encore rendu plus téméraire que de coutume.
On part.

Comme nous n'étions pas assez riches, continue
le marquis de Bonneval, pour avoir des gens qui
pussent détourner l'animal, nous fîmes ce service
nous-mêmes, en cernant les bois avec des chiens
sûrs, que nous appelons *trôleurs* ou chiens d'attaque. Arrivés de très bonne heure au bois, nous
trouvâmes facilement les rentrées fraîches et en fîmes
suite jusqu'à ce que nous eûmes mis l'animal sur pied.
Nous sonnâmes alors la meute et la chasse commença.

Le moment de la *trôle* et du rapproché est ordinairement un temps de repos : c'est une espèce de promenade qui se fait à pied et pendant laquelle on tient
son cheval par la bride, autant pour le soulager que
pour le retrouver plus frais lorsque la chasse devient
vive.

Mais ce jour-là, M. de Josselin n'invita aucun de
nous et tracassa alors *Sauvage* outre mesure. Le vin
qui agitait son cerveau, paraissait avoir porté toute
son action dans ses talons qu'armaient des éperons
énormes.

M. de Coux, fatigué de tous ces mouvements désordonnés, lui dit alors de ménager sa jument ; mais il parle en vain, M. de Josselin continue à se jeter sur les côtés du chemin, à aller et venir dans le fort au galop et à faire franchir à *Sauvage* tous les obstacles qui se trouvent à sa portée.

Perdant enfin patience, M. de Coux lui dit avec vivacité : « Tu crois sans doute fatiguer *Sauvage* ; c'est impossible, je t'en défie. Fais tout ce que tu voudras, tout ce que tu pourras, tu seras rendu plus tôt qu'elle ! »

L'amour-propre de M. de Josselin est vivement excité par ce défi ; il attaque *Sauvage* avec fureur et jure que cette chasse sera la dernière qu'elle aura faite.

Il se met aussitôt à courir dans tous les sens, franchit tout ce qu'il voit, et lorsque nous mettons le sanglier sur pied, que la meute est découplée, que nous montons tous à cheval, que les uns suivent les chiens, que les autres prennent les devants, M. de Josselin, dans l'intention de crever *Sauvage*, perce les bois à la queue de la meute qu'il ne quitte pas un instant, et toujours au fort, sans suivre ni chemins si sentiers, vole à tous les débuchés sans laisser souffler un seul moment son infatigable jument qui, pendant huit heures de chasse, soutint constamment ce train forcé.

Le sanglier, se trouvant enfin harassé, s'était tenu au ferme et venait d'être tué.

La curée faite, M. de Josselin, sans nous attendre, part avec la rapidité de l'éclair et retourne, ventre à terre, chez M. de Coux. Comme nous ne revînmes qu'au pas, nous n'arrivâmes que plus d'une grande heure après lui.

En mettant pied à terre, nous aperçûmes *Sauvage* mangeant vigoureusement son foin dans sa stalle, tandis que M. de Josselin, le corps tout brisé, se trouvait étendu sur son lit, tourmenté qu'il était par une assez grosse fièvre.

Le lendemain, *Sauvage* fit les commissions de la maison et continua paisiblement à remplir la tâche qui lui était imposée tous les jours. Quant à son écuyer, il fut quinze jours avant de pouvoir se tenir debout.

Le second exemple que je vais rapporter n'est pas moins étonnant. Il se passe en 1787 ou 1788.

M. de Coux ayant alors dans ses écuries un grand nombre de beaux et bons chevaux, céda *Sauvage* à M. de Puyredon son parent et son ami.

Avant d'aller plus loin, je crois avoir à faire observer que ce nouveau propriétaire de *Sauvage* était un homme fort et de haute taille, qui pesait alors cent soixante livres.

Mme de Coux était d'origine irlandaise.

Voulant faire un voyage en Angleterre et s'embarquer à Bordeaux, elle prit le parti de courir la poste dans sa voiture. Son projet, en partant de Masseré, relai de poste sur la route de Paris à Toulouse, était d'aller déjeuner à Limoges et coucher à Périgueux.

M. de Puyredon, lui ayant offert de lui servir de courrier jusqu'à Limoges, monte sur *Sauvage*, part en avant de la voiture et fait préparer les chevaux aux relais de Magnac et de Pierre-Buffières.

On déjeune ensuite à Limoges. Après le repas, M. de Puyredon dit qu'il fera le même service jusqu'à Chaslus. Mme de Coux remonte alors en voiture, M. de Puyredon fait préparer les relais à Aixe et à Chaslus. Mais ne sentant pas sa jument fatiguée, il continue sa route, fait préparer les relais de la Coquille, de Thiviers et des Palissons. Il arrive à Périgueux. La distance qu'il avait parcourue de Masseré était de dix-sept postes (trente-cinq lieues et demie). Il coucha à Périgueux. Le lendemain, M. et Mme de Coux ayant continué leur route pour Bordeaux, M. de Puyredon remonte sur *Sauvage* et revient paisiblement à douze lieues de là, à Saint-Yrieix-la-Perche où il habitait.

Je ne crois pas qu'il se rencontre tous les jours, pas plus en Limousin que dans d'autres pays, beaucoup de chevaux de cette trempe; mais si M. de Coux s'est débarrassé d'une semblable jument, c'est assurément parce qu'il trouvait à la remplacer dans le nombre de bons et beaux chevaux qui peuplaient ses écuries, sans quoi on ne s'expliquerait pas qu'il l'eût cédée, même à un ami intime, eût-il été l'amant de sa femme, et Dieu me garde d'une semblable pensée envers cette honorable personne.

La conclusion, c'est que les pays du Centre de la

France produiront, comme par le passé, d'excellents chevaux pour notre cavalerie, quand les remontes le voudront et pour cela, il faut que les achats pour l'armée se fassent avec régularité, de telle sorte que l'éleveur soit toujours sûr d'écouler ses produits.

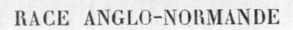

RACE ANGLO-NORMANDE

CHAPITRE XV

RACE ANGLO-NORMANDE

A chaque époque, les chevaux ont répondu aux
besoins pour lesquels les éleveurs les faisaient naître, et il est absurde de regretter des races qui, aujourd'hui, ne seraient utiles à rien, de même qu'il
est absurde de considérer ces races disparues comme
ayant été, même au temps où elles florissaient, d'une
incomparable supériorité. Ainsi il est admis que le
cheval normand, avant que Mme du Barry eût introduit la mode du cheval danois, était un cheval
précieux à tous égards et que c'est ce malencontreux

danois et la catin royale qui ont causé tout le mal.
Mon Dieu ! cette légende a pris naissance pendant
ou après la Révolution, peut-être même après l'Empire. Il est naturel que tant de mal ait eu pour cause
la colère céleste pour punition d'une aussi grande
dépravation.

Ne remontons pas trop haut pour que tous les
auteurs anciens répètent successivement le même
thème : « Au temps heureux de la cavalerie... » A
tour de rôle, ils déplorent la disparition de ces races
précieuses qu'aucun n'a vues, et dont tous parlent
d'après les *laudatores temporis acti* qui, de tout temps
ont larmoyé le même air. N'allons pas chercher plus
avant que l'ouvrage si profondément pensé du baron
de Bohan, qui l'a écrit vers 1781. Les fameux danois
de Mme Dubarry n'avaient pu encore faire bien du
mal ; car chacun sait qu'il faut plusieurs générations pour modifier une race, et que la toute-puis-
sante signature d'un ministre ne suffit pas pour que
la nature se soumette instantanément à ses décisions.
Les trois ou quatre étalons de cette origine n'ont
donc pu, en une dizaine d'années, impressionner
trop fortement la Normandie, et l'on sait qu'en 1790,
un décret supprima non le haras du roi, mais les
rations, de telle sorte que l'effectif entier mourut de
faim. C'est plus tard, à la réorganisation des haras,
en 1806, que les éléments hétérogènes de reproduction produisirent de si fâcheux résultats sur nos
races françaises, et principalement en Normandie, le

foyer véritable de notre pays sous le rapport hippique.

Voyons donc ce que disent les auteurs, depuis que
le baron de Bohan a formulé son opinion :

« Les avantages de la cavalerie consistant principalement dans sa vitesse, dans sa force et dans son
élévation, c'est du choix du cheval que ces qualités
dépendent primitivement, et on ne doit rien négliger
pour se les procurer de la meilleure espèce ; mais on
sera privé de ce choix : 1° Si la consommation faite
dans ce royaume excède la production ; si le prix,
haussant tous les jours, par la rareté de l'espèce, ne
permet plus à nos moyens militaires que le rebut des
autres consommateurs. C'est à peu près la position où
nous nous trouvons en France dans le moment (1781)
où j'écris.

. . . .

« . . . . . Il serait donc sage de faire de bonnes
ordonnances et de s'occuper de l'espèce qui diminue
tous les jours.

« Une seule province, la Normandie, semble jusqu'à
présent, avoir attiré l'attention du gouvernement.
C'est, sans doute, par l'immensité de ses herbages,
et la qualité reproductive de son sol, qu'on l'a regardée
comme la plus propre à élever des chevaux. Mais
n'a-t-on pas pris la quantité pour la qualité ? C'est ce
dont on sera persuadé, quand, au lieu de répéter sans
connaissance de cause, que le cheval normand est le
meilleur cheval français, on voudra examiner avec

ÉTA

RMAND

soin les haras et les productions de cette province. Un sol gras et fécond donne abondamment des fourrages ; mais la qualité se ressent du terroir qui la produit ; l'herbe, abondante en suc, fournit une nourriture propre à engraisser en peu de temps tous les herbivores. Les chevaux nourris dans ces fonds se reconnaissent aux formes arrondies de leurs muscles ; le tissu en est plus lâche que tendineux, plus mou que compact. Tous les chevaux normands sont chargés de chair et d'épaule ; ils ont rarement les extrémités sèches et déliées ; ces chevaux ne sont ni vites ni courageux. Ils sont beaucoup plus propres au trait qu'à la monture.

« Malgré les soins des préposés, les extraits ressemblent rarement à ces superbes animaux tirés de tous les pays du monde, rassemblés à grands frais au haras du Roi.

« La qualité trop nourrissante du pâturage de Normandie n'est pas la seule cause de la médiocrité des chevaux de cette province. Quelques amateurs, qui ont mis cette science à profit, parent même à cet inconvénient en faisant choix d'herbages sur des terrains élevés et secs pour y placer les poulains de trois ans, ce qu'on appelle les affiner ; et ceux-là, en effet, réussissent mieux que les autres. Mais un soin généralement négligé dans cette province, c'est le choix des mères. *De quinze mille juments couvertes chaque année*, on peut avancer qu'il n'y en a pas deux cents qui méritent l'accouplement de ces superbes étalons.

Non seulement eﬂes manquent de ﬁgure, mais encore
de taille ; j'affirme cette vérité parce qu'*ayant habité
longtemps cette province,* je me suis trouvé deux années
de suite au haras dans le temps de la monte, et j'ai
été frappé, comme tout le monde, d'un abus contre
lequel on ne prend aucun moyen : on dirait qu'il
est sans remède...

« En effet, tant que le propriétaire aura un intérêt
plus sûr et plus démontré à faire le commerce des
bœufs que celui des chevaux, il serait absurde de se
flatter de lui faire préférer la spéculation la plus
dangereuse à une plus certaine et plus lucrative.
La Normandie élèvera toujours une certaine quantité de chevaux ; ce n'est point à multiplier ce
nombre qu'il faut donner les soins. Je le répète, ces
efforts seraient inutiles, l'intérêt y trouvera toujours
la balance, et on ne peut la faire pencher que par un
intérêt plus grand.

« Le commerce du monde entier est fondé sur cet
axiome. Que la quantité varie donc ; cela est inévi-
table ; mais l'amélioration est aussi soumise aux
moyens que l'on emploiera.

« Mais que de préjugés s'opposent encore à nos
succès ? Si l'on reproche aux inspecteurs des haras
de conserver des étalons communs et mal faits, ils
vous répondront qu'il faut des chevaux de toute
espèce, pour les proportionner aux juments et fournir aux consommateurs. Comme si le bon, l'excellent
n'était pas toujours préférable lorsqu'on peut se le

procurer. *Ce sont ces chevaux manqués*, me disait un jour un de ces préposés, *qui servent à remonter vos dragons, il en faut comme cela.* Eh ! Messieurs, où serait donc l'inconvénient que nous fussions tous montés sur des chevaux semblables au King-pepin (fameux étalon anglais) et à sa progéniture ! En coûte-t-il plus pour élever un bon cheval que pour en élever un mauvais, et le bon n'est-il pas bon pour la guerre comme pour la chasse ? »

Suivent des modifications aux institutions hippiques de son temps où je ne suivrai pas le baron de Bohan. Elles ne sont plus de saison ; mais je veux terminer ces citations, avant de les commenter, par ces lignes, sorte de prédiction que l'administration actuelle des haras s'est chargée de réaliser et nul ne pourra nier qu'elle ait mené la tâche à bonne fin.

« On verrait des régiments montés sur des chevaux entiers (ceci est une opinion qui a fait son temps), bien choisis et bien exercés, faire des marches étonnantes par leur longueur et leur difficulté. Toutes ces choses arriveront un jour, puisqu'elles sont possibles ; alors on sera surpris de voir la manière dont nous nous servons aujourd'hui de la cavalerie. *Je prédis qu'il en viendra une tellement choisie*, montée, équipée et exercée, qu'elle fera en six heures le chemin que nous faisons en six jours ; mais cette révolution sera longue, parce que, pour l'opérer, il faut malgré ceux qu'on a déjà vaincus, vaincre les préjugés qui s'y opposent encore. »

On ne peut nier les progrès accomplis et les fils du King-pepin dont il parle et qui a fait la monte en Normandie n'ont pas trop mal réussi, puisqu'ils ont amené la race de ce pays aux succès d'hippodrome que nous constatons tous les jours et qui ont fait une réputation telle à ces chevaux qu'on peut maintenant les considérer comme les premiers du monde pour n'importe quel service.

Un auteur militaire, A. Houdaille, capitaine-instructeur au corps royal de l'artillerie et très apprécié à son époque, fait le tableau suivant de la race normande en 1836 :

« La Normandie est depuis longtemps la province de France qui présente le plus de ressources sous le rapport des chevaux, non seulement parce qu'elle en fournit beaucoup, mais aussi parce qu'elle en élève pour tous les services.

« Le cheval normand a un air de famille qui le fait facilement reconnaître. C'est un des plus beaux pour la tournure, et des plus remarquables pour la franchise de ses allures. Il a une encolure bien développée, un poitrail large, une croupe ronde, terminée par une queue bien attachée, et des membres superbes quoique un peu empâtés. On lui reproche d'avoir la tête longue, étroite et busquée, les oreilles trop rapprochées, les yeux petits, et d'être souvent d'un caractère indocile et désagréable dans les rangs.

« Les chevaux normands les plus distingués sont tirés du Merlerault et du Cotentin, les premiers pour

la selle et la cavalerie légère, et les autres pour les
attelages de carrosse et la grosse cavalerie.

« Il existe dans le pays de Caux une espèce excellente pour le trait, et dont les juments sont très
recherchées comme poulinières. »

Par le portrait qu'on vient de lire du cheval normand en 1836, on voit qu'il ressemble bien peu à celui
que nous a dépeint le baron de Bohan en 1781.

Nous trouvons le même portrait, peint par M. Yvart,
directeur de l'École d'Alfort, à peu près à la même
époque ; il confirme l'amélioration produite depuis
la réorganisation des haras en 1806 :

« On distingue, dans les races normandes de
luxe, les chevaux qui sont nés dans la partie du
département de l'Orne connue sous le nom de Merlerault, de ceux qui appartiennent aux départements
de l'Eure, du Cavaldos et de la Manche. De tout temps
la taille des premiers a été moins haute, en raison de
la nature des pâturages qui sont substantiels, sans
être très abondants ; de tout temps aussi ils ont été
nourris à l'état de liberté, si ce n'est pendant les
temps les plus rigoureux de l'hiver et sans travail
jusqu'à l'âge adulte. Sous l'influence de ce régime,
l'ancienne race donnait de bons chevaux de selle,
assez corsés, fort estimés, dont un grand nombre
était achetés pour les écuries du roi et les princes.

« Cet état de prospérité, qui diminuait déjà à la
fin du siècle dernier par suite de la mode qui faisait
rechercher les chevaux anglais, reçut un rude échec

en 1789 et dans les années suivantes. Il reprit un peu, il est vrai, dans les belles années de l'Empire, mais jamais il ne s'est reproduit tout à fait ; et maintenant, quoique les éleveurs aient employés les étalons anglais du haras du Pin, et que les chevaux du Merlerault aient tous les caractères des chevaux anglais et soient vendus comme tels, ils ne sont pas en grand nombre. Les acheteurs leur reprochent un caractère sauvage et difficile qu'ils attribuent à leur genre d'éducation et qui n'est pas corrigée par l'habitude qui existe de châtrer les poulains dans un âge peu avancé. De leur côté, les nourrisseurs prétendent que des chevaux qu'ils gardent cinq ans sans en tirer aucune espèce de profit, et que tous ne réussissent pas, leur donnent rarement un bénéfice suffisant. Dans de pareilles conditions, les herbages du Merlerault entretiennent peu de juments, et quelques-uns d'entre eux vendent les poulains qu'ils font naître à des propriétaires de l'Eure et du Cavaldos, où ils acquièrent plus de développement.

. . . .

« L'élève des chevaux de luxe se fait sur une plus grande échelle dans le Calvados et dans la Manche que dans l'Orne. Le seul avantage qu'ils présentent consiste dans leur taille plus élevée et leur développement rapide ; mais la première de ces qualités constitue un avantage très grand pour la vente, et la seconde un point essentiel à calculer pour l'économie de l'élève ; car, en raison de la disposition qu'ont ces

animaux à se développer en peu de temps, ils peuvent
travailler bien plus tôt et coûter beaucoup moins à
élever. Les Normands n'ont pas manqué d'user de
ces dispositions. Le commerce des poulains s'est
établi dans leur pays comme dans le nord de la
France, la Bretagne, le Perche, le Poitou ; certains
cantons se trouvent placés pour s'adonner surtout à
faire naître les poulains, d'autres à les utiliser dans
les travaux aratoires jusqu'à leur complet accroisse-
ment. » Continuant son étude sur l'élevage en Normandie, le savant professeur nous apprend ce qui se
passait de tout temps et ce que nous voyons en grande
partie exister encore de nos jours.

« A part quelques nuancés presque insensibles, la
pratique du poulain reste telle qu'il nous la montre.
Comme de son temps, les poulinières de la vallée
d'Auge, du Cotentin et du Bessin, consacrées à la
reproduction, sont laissées dans les pâturages pendant la plus grande partie de l'année et quelquefois
pendant toute l'année. Les cultivateurs de la plaine
de Caen, qui possèdent des juments en plus petite
proportion, s'adonnent principalement à continuer
l'élève. Il est fâcheux qu'on soit en droit de reprocher
à beaucoup d'éleveurs d'abuser des qualités de la
race normande. Ils font couvrir les pouliches trop
jeunes ; les poulains sont trop peu ménagés dans le
travail qu'on exige d'eux et la nourriture qu'on leur
donne leur procure plus d'aptitude à la graisse qu'à
la véritable vigueur. On les engraisse avant l'époque

des ventes dans des écuries chaudes, sombres et humides avec les aliments les plus propres à les souffler et sous l'influence du régime qu'ils subissent ces animaux acquièrent des formes agréables, parce que les accouplements ont été bien dirigés, mais il est rare que, mis en service, ils ne présentent pas beaucoup de mollesse, jusqu'à ce que, par l'emploi de l'avoine, on soit parvenu à modifier leur tempérament.

« Parmi les causes qui procurent une constitution sans l'énergie suffisante, ou plutôt sans la résistance désirable, il faut signaler l'usage où l'on était d'employer à la monte des poulains beaucoup trop jeunes. Nous reconnaissons, dit M. Yvart, que l'introduction de quelques étalons anglais, qui commencent à acquérir de la réputation, contribue à faire abandonner les poulains étalons ; nous applaudissons à la tendance manifestée par l'administration des haras de placer en Normandie ses meilleurs chevaux anglais. Nous publions avec plaisir que déjà la race anglaise a changé d'une manière avantageuse les productions de la Normandie, et nous sommes persuadé qu'il ne s'agit que de continuer avec sagesse et persévérance dans cette direction pour obtenir la majeure partie des chevaux à la fois grands et légers, qui sont demandés par le luxe. »

Voilà bien l'état où se trouvait la production chevaline en Normandie, vers la fin du premier tiers de ce siècle. C'est ici qu'est intervenu, dans l'élevage

normand, l'élément améliorateur que lui a apporté
la jumenterie créée au Pin, d'où est sortie la race
actuelle des chevaux de demi-sang anglo-normands.

Ces citations, ces préambules étaient nécessaires
pour servir de point de départ à notre examen de
la race normande telle que nous la retrouvons, en
comparaison avec les anciens types du pays que
nous avons vus n'avoir aucune homogénéité dès le
principe.

Nous avons examiné les opinions et les remarques
des auteurs antérieurs à la création de la race anglo-
normande actuelle. Nous avons pu constater que les
trois auteurs cités — et plus à même que tous autres
d'inspirer une grande confiance en raison de leur
situation spéciale, qui leur a permis de parler *de visu*
de la race chevaline, objet de leur étude — ne sont pas
absolument d'accord sur les qualités et les défauts
qu'ils ont observés. Je crois que ces divergences
tiennent aux aptitudes que chacun recherchait pour
le service à demander aux chevaux normands.

Le premier, le baron de Bohan, était officier de cavalerie, plein d'entrain et de perçant, qui déplorait la lenteur des mouvements de la cavalerie de son époque,
et qui *osait* prédire qu'il en viendrait une tellement
supérieure qu'elle ferait en six heures ce que celle qu'il
avait sous les yeux était à peine capable de faire en
dix jours. Il lui fallait des chevaux de sang, au baron
de Bohan, et il n'avait pas tort, de même qu'il voulait
une équitation simple, trop simple peut-être, mais

cependant il avait encore raison, car il est inadmissible
qu'on enseigne à des troupiers une équitation autre
que celle qu'ils auraient à employer utilement en campagne. Il est vrai que l'étendue des connaissances
équestres n'est pas nuisible ; mais, passé une certaine
mesure, si celui qui a la passion de cet art ne sait pas
bien diriger son savoir, il arrive à des résultats déplo-
rables et ridicules, comme j'en vais citer un exemple :

Un grand seigneur étranger, qui avait été un vigoureux et élégant cavalier, s'était adonné à l'équitation
savante pour laquelle, un beau jour, il était pris d'une
belle passion.

Le piaffer et les changements de pied au temps
n'avaient plus de secrets pour lui, du moins il le croyait.
Un marchand lui présente un jour un gentil cheval
bien dressé, mais un peu vert. Le prince veut l'essayer
et ne tarde pas à passer par-dessus les oreilles de la
bête. Étonné, mais non découragé, il remonte sur
l'animal, qui n'a pas plus de peine à se débarrasser de
son cavalier que la première fois. Le marchand, qui
avait connu le prince si solide et si vigoureux, ne
peut s'empêcher de laisser voir sa surprise d'un aussi
surprenant résultat, et dit : — « Mais, prince, comment
cela se fait-il, vous que j'ai connu si solide, que cette
défense, en somme peu sérieuse, vous désarçonne si
prestement? — Ah! répond le prince, voilà; autrefois,
je n'étais que cavalier, aujourd'hui, je suis écuyer. »

Maintenant, mon avis sur cette anecdote, qui m'a
éloigné de mon sujet, est celui-ci : Cette équitation

savante que pratiquait le prince en question avait été
dirigée d'une façon peu intelligente. Son maître, ne
voyant que les résultats du dressage, avait laissé se
perdre la bonne position du cavalier qui en était arrivé
à monter sur l'enfourchure, qui avait aussi perdu l'habitude des allures vives, qui avait éteint son cheval
auquel il s'était identifié dans une douce monotonie
de mouvements. De là tout ce désarroi que je viens
de raconter. Ce cavalier était donc arrivé à une pratique inutilement savante.

Or, je crois que le baron de Bohan était dans le
vrai quand il voulait simplifier l'enseignement équestre
qui pendant longtemps, et comme il l'a été pendant
encore bien des années, était trop fin, si je puis m'exprimer ainsi, pour des cavaliers qui n'avaient pas assez
de loisirs, ni assez d'années d'études pour approfondir
la science équestre qu'il faut laisser aux professeurs.
Ceux-ci ont besoin de connaître à fond ce qu'ils sont
chargés d'enseigner et d'en savoir beaucoup plus que
le programme de leurs cours. Ensuite tous leurs élèves
ne sont pas aptes à pousser bien loin leurs connaissances qui, si elles ne sont pas guidées par cette aptitude qui reste en dehors du pouvoir du maître, parce
qu'elle est innée, ne peut produire que ces savants
ridicules, vous parlant sans cesse de leurs succès
équestres, et qui, *mis au pied du mur qu'il faut franchir*, invoquent des rhumatismes présents, constatés
par la Faculté, tout en disant avec toupet qu'autrefois,
quand ils avaient tous leurs moyens, la puissance de

leurs jambes était telle que les chevaux, même les
plus rétifs, volaient sous eux par-dessus les maisons. Bienheureux encore quand ils savent ajuster
leurs rênes !

Je reviens à mon sujet et j'y fais intervenir M. Gayot,
qui a contribué, pour une si large part, à la création
de la race anglo-normande actuelle, la plus belle assurément qui soit sortie des mains de l'homme, ou du
moins la plus complète sous le rapport de la multipli-
cité des services qu'elle peut fournir, *si on ne veut pas
lui demander plus qu'elle ne peut donner et si on sait
attendre l'âge auquel il convient de l'employer.*

« L'ancienne Normandie, nous dit M. Gayot, a possédé deux races de chevaux très distinctes et fort
renommées en leur temps, celle du Merlerault et celle
du Cotentin : l'une propre à l'attelage, l'autre plus
particulièrement appropriée à l'usage de la selle. Telles
sont les racines de la race actuelle de demi-sang anglo-
normand ; elles en ont donné la tige. Le second élément, le pur sang, lui est venu d'Angleterre ; d'abord
à l'état de métis plus ou moins éloigné du sang, et
plus tard sous la forme plus ou moins heureuse et parfaite du cheval de pur sang ou du cheval de course. A
une époque plus rapprochée, les générateurs se sont
trouvés parmi les étalons de pur sang nés et élevés au
Pin et parmi les produits mêmes de la nouvelle race.

« Dans les commencements, cela n'est pas précisément d'hier, car nous nous reportons à plus d'un siècle
en arrière, on est allé chercher de l'autre côté de la

Manche quelques gros reproducteurs parmi les *Mon-greed breed* ou race mâtinée. Ceux-ci étaient des mé-tis au premier degré, amples et corpulents mais sans pouvoir héréditaire. Ils ne firent aucun bien. »

Ici, j'ouvre une parenthèse pour faire observer qu'après la suppression de la jumenterie du Pin, en 1852 et pendant bien des années encore, on était tombé dans les mêmes errements avec les chevaux du Nor-folk.

Quelques-uns de ces chevaux ayant réussi dans leur production comme trotteurs, un engouement irréfléchi les mit en vogue, sous l'influence surtout du marquis de Croix dont les succès, dans les courses au trot, furent si brillants. Il faut cependant convenir que l'il-lustre éleveur normand n'a pas laissé de race de trot-teurs et que tous ses élèves ne furent que des résultats individuels à peu près incapables de transmettre ni leurs formes ni leurs qualités. La raison en est que les reproducteurs ne peuvent transmettre leurs aptitudes que lorsqu'ils sont d'une race assez confirmée pour se reproduire elle-même.

Or, il n'en est pas ainsi des chevaux du Norfolk, qui depuis longtemps ont perdu leur homogénéité, par suite de causes que je n'ai pas à examiner ici. Ensuite, ces chevaux qui ont une forme séduisante de chevaux de selle malgré leur apparente lourdeur, tiennent cette forme du mode d'élevage de ce pays qui assurément n'est pas adopté, en France, puisque les produits, dès la première génération, perdent les caractères qui font la distinction de la race du Norfolk : une belle épaule inclinée et les aplombs des membres antérieurs. Notre mode d'élevage est esssentiellement opposé au maintien de ces qualités.

Nous savons qu'en Normandie les chevaux ne sont pas, en général, élevés là où ils sont nés et que l'élevage au piquet est en grand honneur dans la plus grande partie du pays, du moins dans toute celle où la culture remplace l'herbage. Nous n'avons qu'à regarder des chevaux au piquet pour nous rendre compte de ce qui va se passer pour l'épaule et l'aplomb des membres de devant. Tous les animaux au piquet cherchent toujours leur nourriture en dehors de la limite de leur corde. Naturellement, tirant sur cette corde avec la croupe tournée du côté du piquet, le dos se vousse, l'épaule, dans sa partie supérieure, vient en avant et le genou tend à être renvoyé en arrière. Dès lors, à quoi bon des étalons qui doivent donner des qualités que le mode d'élevage viendra combattre et annuler. Le dos seul en emprunte un bon résultat, tandis que l'avant-main ne peut plus donner ces brillantes allures marchandes dont la hauteur se reporte sur une arrière-main qui n'en a que faire, puisque l'avant-main ne peut répondre au mouvement que voudrait imprimer le derrière..

M. Gayot nous disait donc que ces chevaux importés les premiers d'Angleterre n'avaient fait aucun bien, mais que cependant ils encouragèrent à se rapprocher davantage de l'élément de régénération, le pur

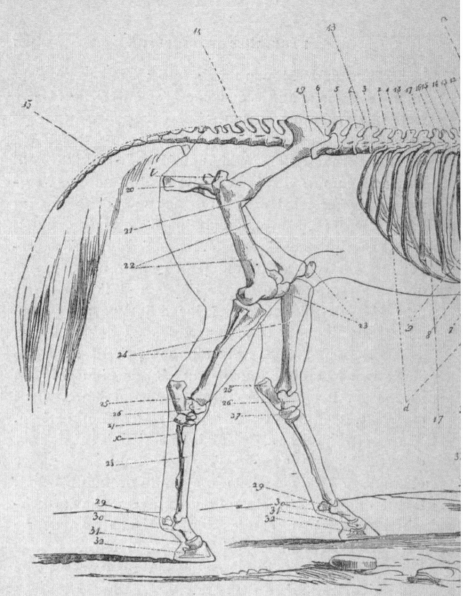

PREMIÈRE SECTION

Les os de la tête sont au nombre de vingt-sept, sans y comprendre les dents, les petits os de l'ouïe et l'hyoïde.

Os du Crâne

1. Le Frontal. — 2. Le Pariétal. — 3. L'Occipital. — 4. Les deux Temporaux : le *Sphénoïde*, l'*Ethmoïde*.

Os de la Face

5. Les deux Sus-Nasaux. — 6. Les deux Lacrymaux. — 7. Les deux Zygomatiques. — 8. Les deux Grands Sus-Maxillaires. — 9. Les deux petits Ptérigoïdes. — Les *Deux Palatins*. — Le *Vomer*. — Les *Quatre Cornets du Nez*. — Le Maxillaire, ou *Os de la mâchoire inférieure*.

D

Les os du tronc son
os de la queue, dont l

1. Le Rachis, ou colon

1° *Région Cervicale* :
Vertèbres sans nom. —

2° *Région Dorsale* :

3° *Région Lombaire* :

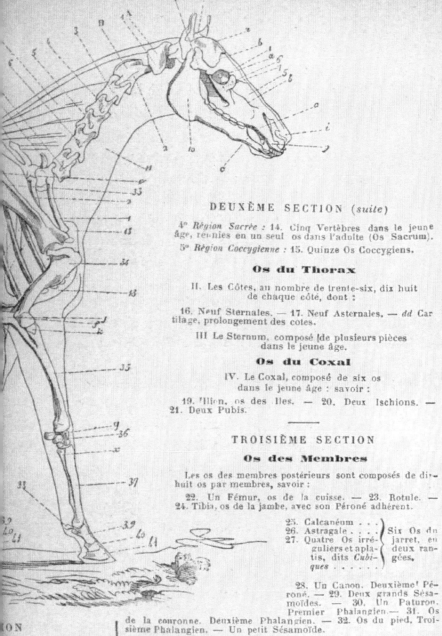

DEUXÈME SECTION (*suite*)

4° *Région Sacrée :* 14. Cinq Vertèbres dans le jeune âge, reunies en un seul os dans l'adulte (Os Sacrum).

5° *Région Coccygienne :* 15. Quinze Os Coccygiens.

Os du Thorax

II. Les Côtes, au nombre de trente-six, dix huit de chaque côté, dont :

16. Neuf Sternales. — 17. Neuf Asternales. — *dd* Cartilage, prolongement des cotes.

III Le Sternum, composé [de plusieurs pièces dans le jeune âge.

Os du Coxal

IV. Le Coxal, composé de six os dans le jeune âge : savoir :

19. Ilien, os des Iles. — 20. Deux Ischions. — 21. Deux Pubis.

———

TROISIÈME SECTION

Os des Membres

Les os des membres postérieurs sont composés de dix-huit os par membres, savoir :

22. Un Fémur, os de la cuisse. — 23. Rotule. — 24. Tibia, os de la jambe, avec son Péroné adhérent.

25. Calcanéum . . . ⎫
26. Astragale . . . . ⎪ Six Os du
27. Quatre Os irré- ⎬ jarret, en
guliers et apla- ⎪ deux ran-
tis, dits *Cubi-* ⎪ gées.
ques . . . . . . ⎭

28. Un Canon. Deuxième Péroné. — 29. Deux grands Sésamoïdes. — 30. Un Paturon. Premier Phalangien.— 31. Os de la couronne. Deuxième Phalangien. — 32. Os du pied. Troisième Phalangien. — Un petit Sésamoïde.

Les os des membres antérieurs sont composés de dix-neuf os par membres, savoir :

33. Un Scapulum.
34. Un Homérus.
35. Un Cubitus.
36. Os du genou. — Sept Os Carpiens.
37. Un Canon.
38. Deux grands Sésamoïdes.
39. Un Paturon. — Premier Phalangien.
40. Os de la couronne. — Deuxième Phalangien.
41. Os du pied. — Troisième Phalangien. — Un petit Sésamoïde.

sang. « Les destinées chevalines de la France étaient alors entre les mains d'un homme très compétent, aux mains du prince de Lambesc, grand écuyer de Louis XVI. Il envoya en Angleterre avec mission de choisir des reproducteurs de demi-sang, *half blood*. C'est alors que furent importés au haras du Pin ces vingt-quatre étalons, parmi lesquels plusieurs ont assez marqué, pour que les noms soient restés longtemps dans la mémoire des éleveurs.

On s'est souvenu, en effet, des *Glorieux*, des *Badin*, des *Lancastre*, des *Warrick*, des *Sommerset*, ainsi que du *Docteur*. Mais ce dernier, dont la lignée a été mauvaise et rétrograde (à cause seulement de sa basse extraction; il était d'ailleurs admirablement doué sous le rapport physique, car il était à tous égards un très beau garçon de cheval), ce dernier ne mit que mieux en relief le principe d'une bonne origine, la nécessité d'étudier dans les fils le mérite des ascendants. A cette époque, fut gagnée sans conteste cette cause, abandonnée plus tard, de la supériorité du sang dans l'acte générateur. Les éleveurs lui rendirent hommage en recherchant parmi tous ces étalons les mieux racés, ceux en qui l'introduction du pur sang, à dose plus ou moins forte et ménagée, était plus ancienne et remontait plus haut dans le passé.

Il était nécessaire de rappeler cette phase de la production normande, trop longtemps oubliée. Les étalons de demi-sang, ramenés d'Angleterre par les soins du grand écuyer de Louis XVI, doivent être considé-

rés comme les grands-pères de la race actuelle. Ils
en ont jeté les premiers fondements. Ce sont leurs
filles et leurs petites-filles qui, mariées à d'autres
reproducteurs de même ordre, ont ravivé cette souche
prête à s'éteindre, quand, après une longue et très
regrettable lacune, on est revenu au sang anglais.

La suppression des haras en 1790 n'a pas été plus
favorable à la Normandie qu'aux autres contrées hippiques de la France.

L'émancipation de l'industrie privée avait conduit
par le chemin le plus court et le plus direct à la ruine
complète des bons éléments de toute reproduction. En
quelques années, il n'y eut plus ni étalons ni poulinières capables. La population en masse ne s'en porta
pas mieux, loin de là, elle se trouva si mal du nouveau régime auquel on l'avait soumise qu'il y eut nécessité de revenir à une organisation régulière.

On voit bien, d'après ce passage, que la nouvelle
organisation, en 1806, ne trouva aucun des éléments
qu'avait laissés l'ancien régime, pas plus les descen-
dants de ces fameux étalons danois de Mme du Barry
que ceux des étalons importés d'Angleterre par les
soins du prince de Lambesc.

M. Gayot paraît en contradiction avec lui-même, et
assurément cela tient à ce que, ayant été l'un des plus
actifs parmi les officiers des haras qui ont contribué
à la création de la race actuelle anglo-normande, il
cherche évidemment à rabaisser le plus possible le
niveau de la souche sur laquelle a été créée la race

nouvelle. Mais il n'en est pas moins vrai que la race chevaline normande, en 1806, et surtout au moment de la Restauration, était dans un état d'abâtardissement complet par suite de l'épuisement où nous avaient plongés, sous ce rapport, comme sous tant d'autres, les guerres continuelles de la République, du Consulat et de l'Empire. Aussi est-ce avec raison que M. Gayot continue ainsi : « Malheureusement, l'Angleterre nous resta fermée pendant toute la durée du Premier Empire. A défaut d'étalons anglais, bien racés, on employa des reproducteurs de toutes provenances, puisés au hasard dans toutes les races indistinctement. Ceux-ci n'avaient guère, pour la plupart, qu'un mérite personnel plus apparent que réel ; beaucoup avaient été importés du Nord et n'apportaient qu'un principe affaibli, que des facultés morales très amoindries, des germes d'appauvrissement qui ne tardèrent pas à dominer, comme il arrive toujours, quand l'énergie fait défaut.

« Les circonstances extérieures, les influences locales n'étaient pas ici de nature à relever la vitalité éteinte, elles poussent en sens contraire, et c'est là précisément qu'est leur force quand on sait les utiliser. Ce sont elles, en effet, qui développent les formes trop concentrées, elles qui les grandissent et les étoffent ; mais en l'étendant, en le délayant, elles ôtent au principe même de la vitalité une partie de la résistance. Or, lorsque cette dernière a été progressivement affaiblie, usée par le climat, et tout ce qui est en sa dépendance, il ne reste plus qu'une nature inerte,

molle, sans chaleur ni puissance, car alors la dégénération a atteint toutes les sources de la vie, profondément altéré ce qui la rend énergique, active, durable,
ce qui donne à une race autorité sur les autres.

« Telle était la production des chevaux en Normandie, à la fin de l'Empire.

« Sous la Restauration, on est revenu au sang anglais. Quelques étalons de tête, marquant utilement
leur passage, ont ramené toutes les idées de saine
reproduction au principe fondamental du pur sang. On
l'a proclamé efficace, seul puissant à combattre l'infériorité, à repousser l'avilissement. On était en pleine
vérité. »

Nous voilà arrivés à 1830, époque où va entrer en
scène la jumenterie que l'on créa vers cette époque
au haras du Pin et d'où est sortie la race actuelle
anglo-normande. Nous avons pu constater qu'il faut
mettre de côté cette légende de l'origine des têtes
busquées attribuées aux danois de la maîtresse de
Louis XV, puisqu'il ne restait rien de cette production
au commencement et surtout à la fin de l'Empire, pendant lequel, au contraire, on employa des chevaux de
toute provenance, peut-être des danois, mais assurément des andalous. Ne savons-nous pas que les chevaux
du haras de Babolua, en Hongrie, de provenance ita-
lienne et andalouse, ont tous la tête horriblement busquée et que, sous ce rapport, ils ne le cèdent en rien à
l'ancienne race normande d'avant 1830. Voyons donc le
portrait qu'en a fait M. Gayot, de ces Normands d'alors.

« Cette tête busquée s'accompagnait d'un œil petit
et morne, et de traits hébétés : le tout était surmonté
d'oreilles longues et rapprochées, le plus ordinairement mal portées. Rien, mieux que ceci, ne caractérise la rosse ; mais cette dernière se trouvait au grand
complet dans le cheval normand, car rien ne lui manquait. Ainsi l'encolure courte, épaisse, commune était
chargée du poids d'un volumineux coussin de graisse,
formant chez les animaux encore jeunes, saillie plus
ou moins forte et arrondie sous la crinière ; il y avait
par là comme la naissance d'une bosse de chameau
différemment et non moins désagréablement placée,
qui pesait d'autant sur l'avant-main déjà si alourdie
par le volume excessif de la tête. Grosses et courtes,
les épaules, au lieu de descendre pour abaisser la poitrine, s'élevaient au-dessus de cette région et noyaient
le garrot, que la forme et les dimensions de la tête et
de l'encolure auraient exigé haut et bien sorti. Le dos
était bas et foulé ; le rein long, mal agencé, peu soutenu, *mou*, comme disent les hommes du métier. La
croupe horizontale plaisait, par opposition à la croupe
en pupitre, sans avoir physiologiquement sa raison
d'être ; la queue n'avait ni ressort ni vigueur, et récla-
mait l'opération qui *anglaisait* le cheval ; les hanches
étaient hautes, droites, effacées, mais on les voulait
ainsi conformées, contrairement aux lois de la dyna-
mique, et bien que l'expérience les montrât constamment faibles dans l'action. Le jarret, cette petite roue
de la grande machine, plein et vacillant, souvent dés-

honoré par des tares, n'agissait que languissamment;
très défectueuse, la coupe du membre postérieur se
dessinait, suivant l'expression reçue en famille. Loin
de terre, le thorax se relevait brusquement en carène
de vaisseau. Les fausses côtes n'avaient pas toujours
assez de longueur. Le cœur et le poumon, si essen-
tiels à la plénitude de la vie, les organes de la digestion, le cerveau lui-même, point de départ et centre
de toute activité vitale, n'avaient qu'un étroit espace
dans leurs cavités respectives, et ne fonctionnaient
que malaisément, mollement, insuffisamment. Large
avant l'introduction du sang danois, l'avant-bras se
montrait à présent maigre et pauvre. Le genou, creux
sur le devant, donnait au membre une direction ar-
quée en arrière. Les canons étaient minces; les tendons étaient grêles, *faillis;* les articulations, faibles et
mal attachées; les poignets creux comme les genoux.

« Ces détails ne forment pas un bel ensemble. Ils
mettent l'animal dans une sorte de parenthèse ouverte par l'arc de la tête et fermée par l'arc opposé
du membre postérieur. Les régions du dos et du rein,
trop longues l'une et l'autre, voussées en contre-bas,
contrastaient d'une manière désagréable avec l'élévation de l'encolure et la forme si complètement
horizontale de la croupe. Mais ces laideurs, qu'on nous
passe ce pluriel, ces difformités avaient leurs pendants
dans la vicieuse direction du membre antérieur et
dans la ligne inférieure du corps.

« En vérité, c'était une horrible bête que le cheval

normand ; et longue a été la liste des épithètes acco-
lées à son nom.

« Ce n'est pas tout cependant. La peau était devenue épaisse et les poils grossiers. La lymphe, cet anti-
pode du sang, prédominait dans cette organisation dé-
générée ; les extrémités s'infiltraient aisément : la sensibilité était presque nulle et l'intelligence obtuse. Tout
cela suait la mollesse au moral comme au physique ;
on avait affaire, non plus au cheval, mais au cochon.

« Le cornage s'était héréditairement fixé dans la
race, la pousse en atteignait de bonne heure les individus. Toutes les maladies de l'espèce prenaient, dans
leur marche, un caractère de désespérante lenteur,
comme chez les familles dont le sang est appauvri,
dont la vitalité est éteinte.

« Tel était donc, vers 1830, notre cheval normand,
race usée dans son principe, *no blood*, comme disent
les Anglais, race matérielle et veule, loin du sang, ne
pouvant plus rien ni pour elle ni pour aucune autre.
En effet, là où il n'y a plus de sang, il n'y a plus de
qualités. Or, ce qu'on demande au cheval, c'est de
valoir quelque chose par son énergie et par sa bonne
conformation. »

En résumé, d'après les quatre citations que je viens
de faire du baron de Bohan, du capitaine Houdaille,
d'un directeur de l'École d'Alfort et d'un officier des
haras, nous pouvons nous faire une idée exacte de la
confiance limitée qu'il convient d'accorder aux auteurs
hippiques en ce qui concerne l'historique des races.

Le premier nous représente la race normande
comme une collection de belles rosses, avant, pendant
et après le règne de la fameuse du Barry, qui aurait
été, selon certains auteurs, entre autres M. Gayot,
une des causes de la perte de cette race par l'introduction du sang danois en Normandie, et, cependant,
M. Gayot convient qu'il ne restait rien de cette race,
du moins rien de bon, quand l'Empire introduisit dans
le pays des éléments complètement disparates, entre
autres des chevaux danois. La légende des danois
du Barry n'a donc plus lieu d'exister, pas plus que
toutes les légendes concernant n'importe quelle autre
race.

Toujours est-il que M. de Bohan, officier de cavalerie, vigoureux et énergique, qui sent le besoin d'une
troupe à cheval facile à manier et à déplacer rapidement, trouve le cheval normand insuffisant comme
qualités.

Le second auteur, cité par M. Houdaille, nous représente ce cheval comme excellent pour tous les services. S'est-il placé au même point de vue ? Non,
assurément. Il était officier d'artillerie à une époque
où cette arme n'avait pas besoin d'une grande mobilité. Les percherons vigoureux, mais peu rapides,
traînaient les lourds canons de son époque, et les
officiers n'avaient que faire de chevaux énergiques et
très perçants. Les besoins, pour eux, se bornaient à
escorter leurs pièces à des allures dont les chevaux
normands étaient capables, sans pour cela qu'ils

22

prouvent des qualités brillantes. Le capitaine d'artillerie trouvait donc excellents les chevaux que le
général de cavalerie de Bohan trouvait mauvais. Alors,
des auteurs plus récents s'inspirant, pour écrire des
ouvrages hippiques, sur l'un ou l'autre de ces deux
hippologues, écriront « bon ou mauvais cheval »,
suivant celui des deux ouvrages qui leur paraîtra plus
conforme à son propre tempérament.

Les citations que j'ai faites de M. Gayot et de
M. Yvar servent à confirmer cette opinion que la race
normande, mauvaise en 1781 et avant cette époque,
l'était encore au moins autant en 1830, et que si aujourd'hui elle est devenue une des plus belles races
qui existent, c'est depuis cette date et par l'introduction du sang anglais et, disons-le bien haut, pour
étouffer les voix de ceux qui prétendent le contraire,
c'est, dis-je, beaucoup par le sang arabe, qui avait été
employé largement dans l'ancienne jumenterie du
haras du Pin. Pourquoi a-t-on renoncé au sang oriental pour entretenir la race normande au degré où
l'avait fait parvenir cet élément précieux? On prétend, et avec raison, que l'arabe fait trop petit à la
première et à la seconde génération, et, par conséquent, que ces premiers produits sont dispendieux.

Mais comme on ne peut nier les avantages qui
résulteraient pour l'avenir de l'emploi de cette méthode et qu'on ne peut non plus trop demander de
sacrifices à l'éleveur, voilà pourquoi je demande, avec
instance depuis déjà bien des années, la création de la

jumenterie qui a donné autrefois, avant 1852, des
résultats si remarquables. J'ai prouvé, chiffres en
mains, que les étalons qui en sortiraient ne coûte-
raient pas aussi cher à l'État que ceux qu'il est forcé
d'acheter à l'industrie privée et que celle-ci ne lui
vend que les mauvais parce que les bons qu'elle possède sont ou trop chers pour le budget des haras, ou
utiles pour elle-même, qui veut les conserver. Il n'y a
donc d'autre ressource, pour avoir bon et à des prix
possibles, que de produire soi-même ce qu'on ne
peut se procurer tel qu'on le désire et dans les conditions acceptables sous l'empire des lois qui lient les
bras à l'administration des haras.

TABLE DES MATIÈRES

TABLE DES MATIÈRES

344 TABLE DES MATIÈRES

37.738. — Paris. Imprimerie Lahure, 9, rue de Fleurus.